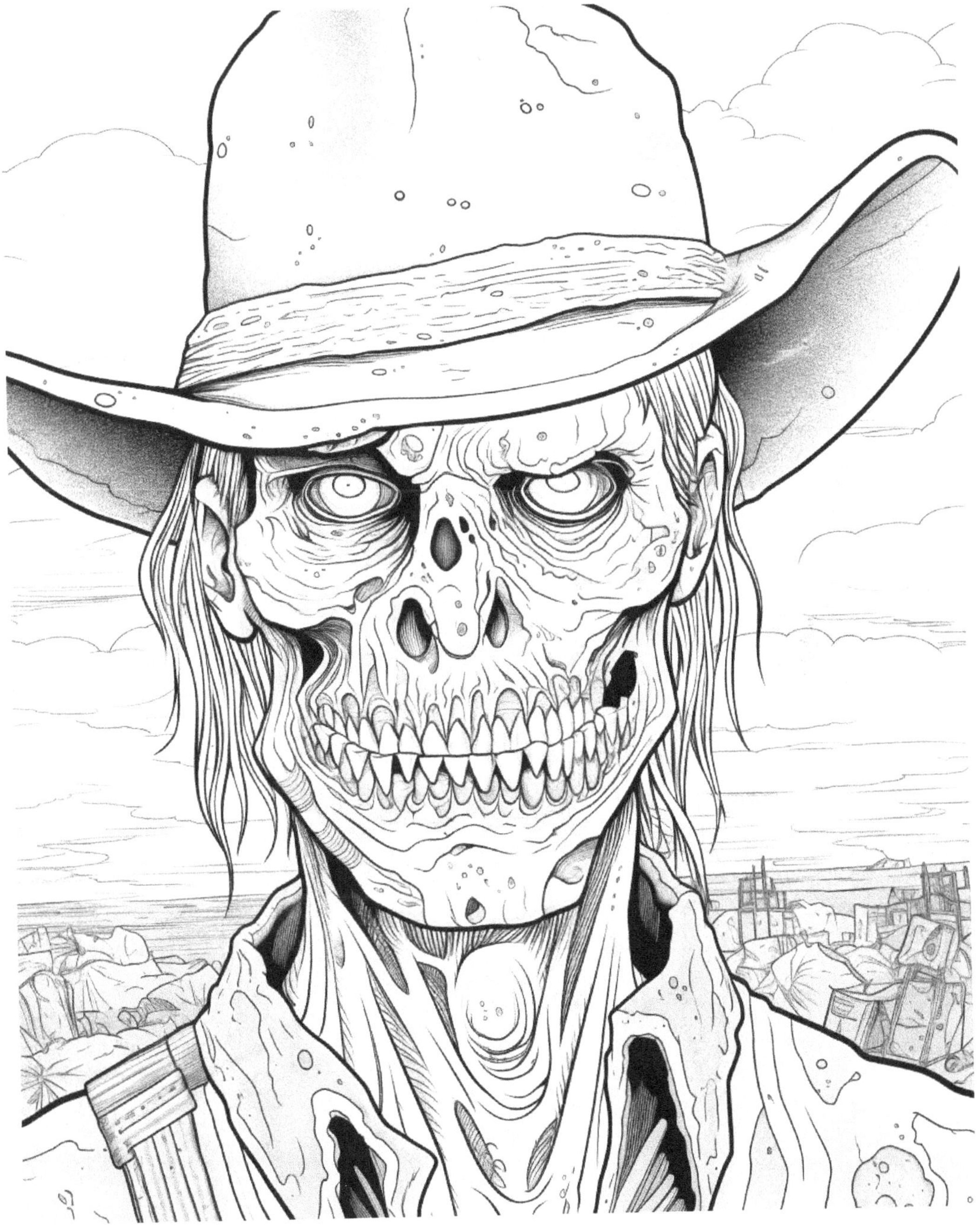

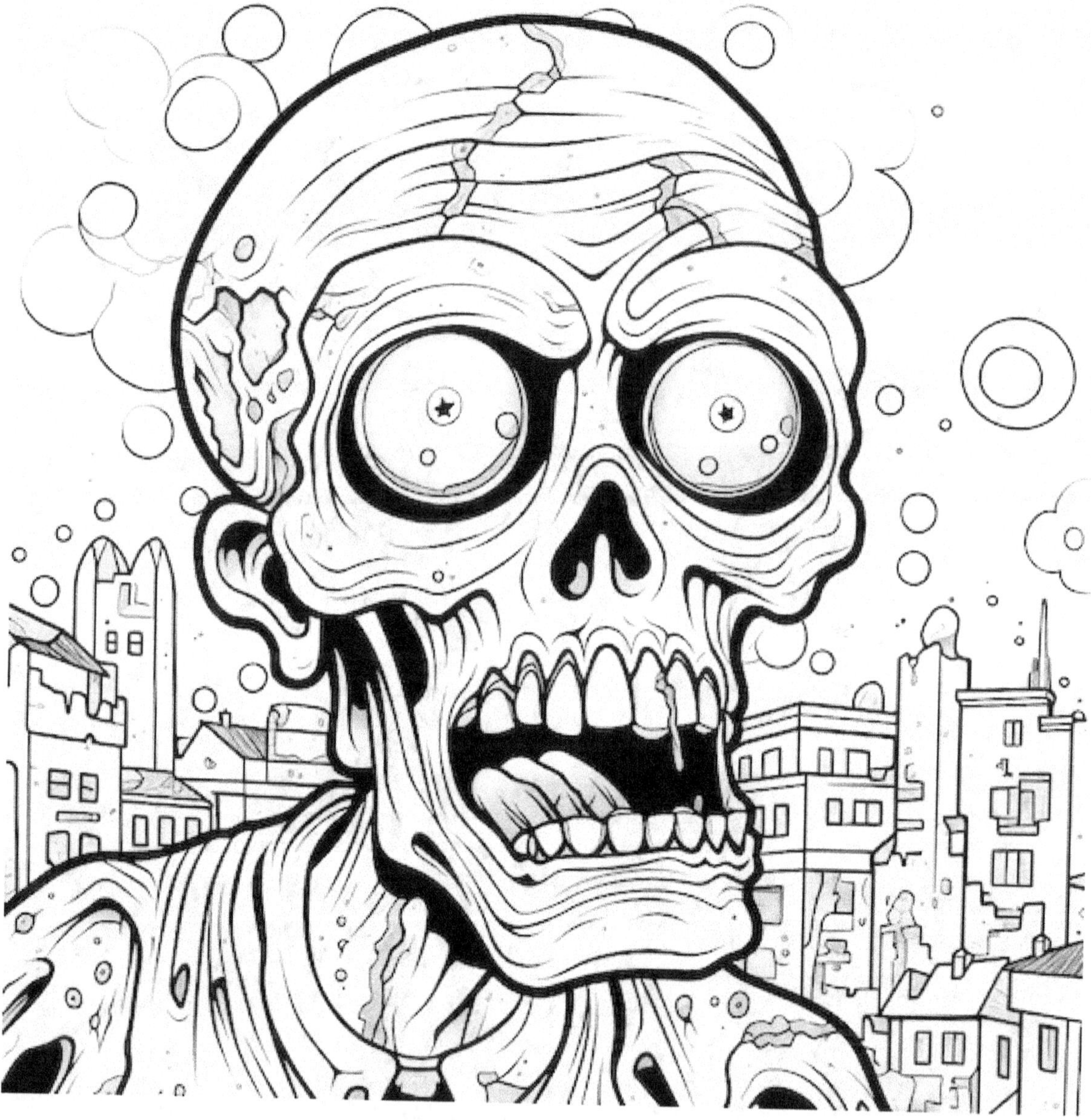

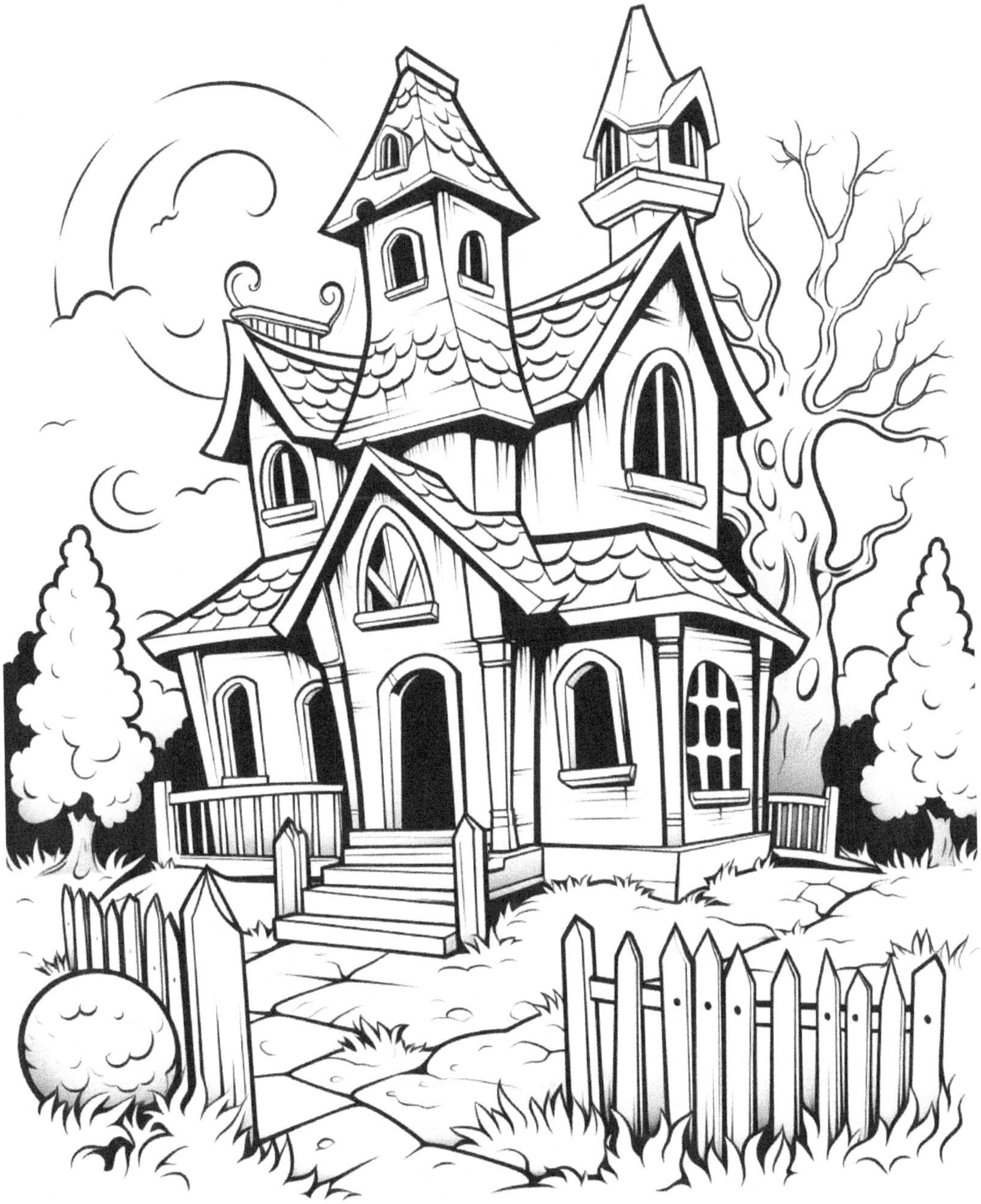

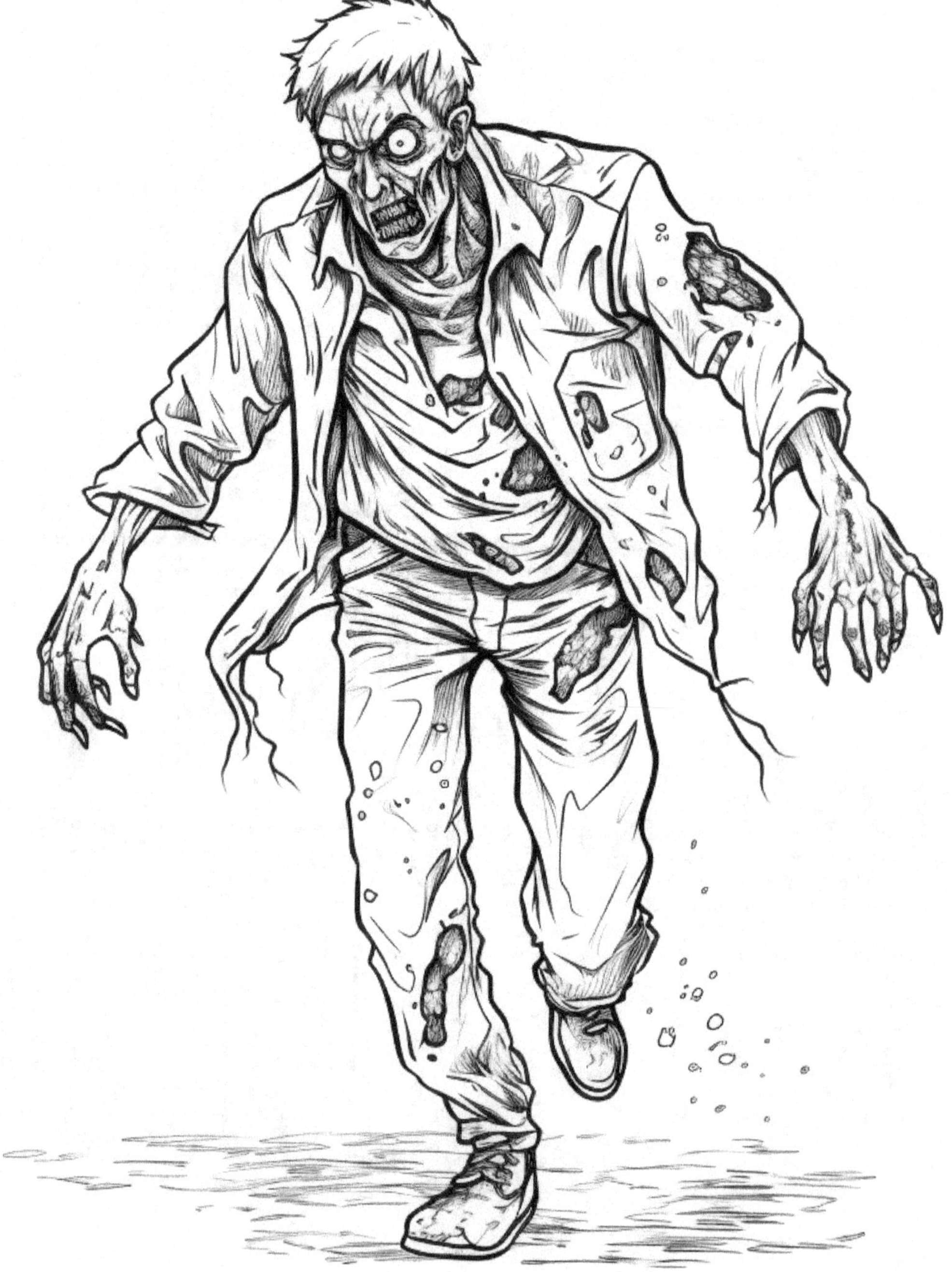

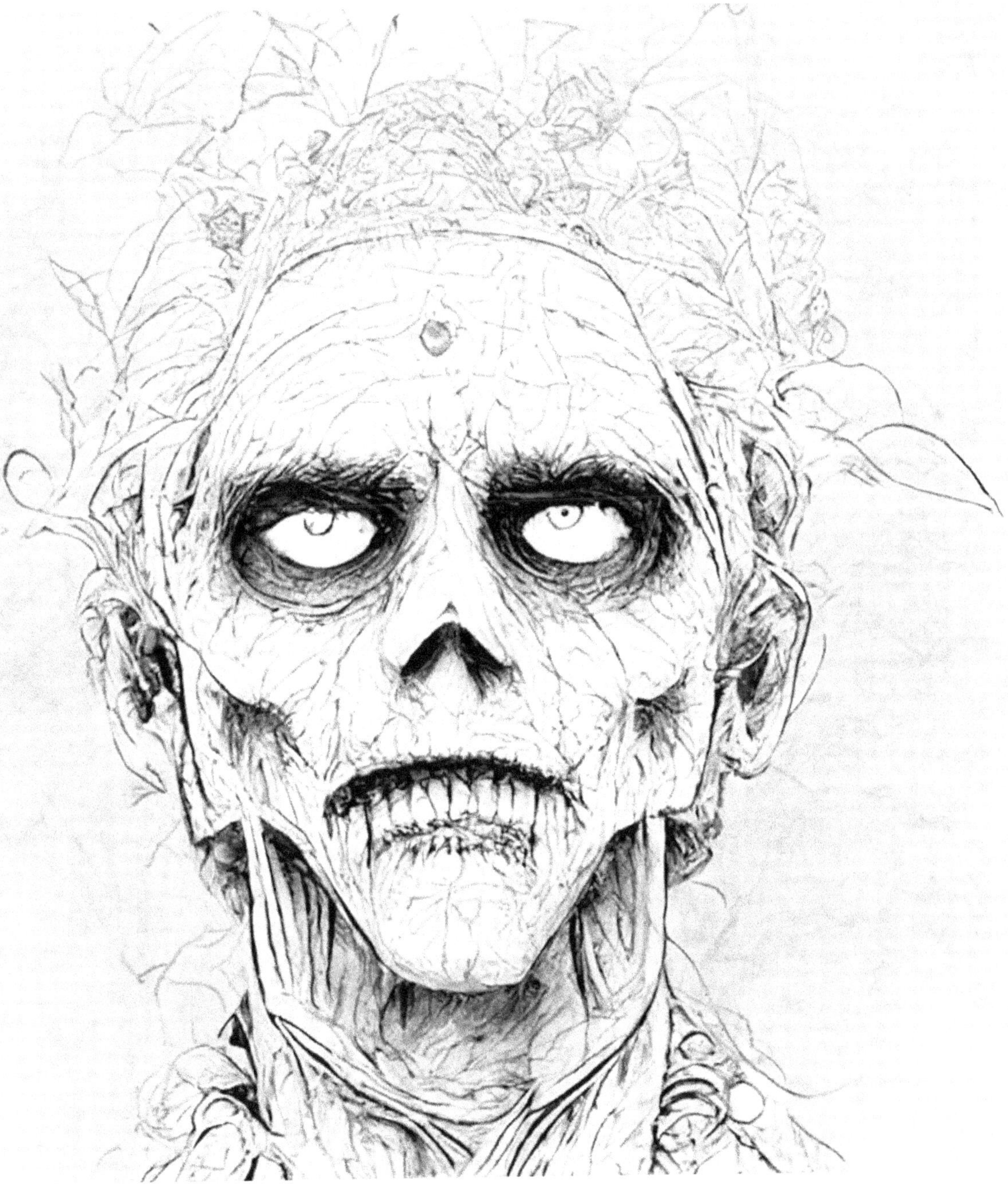

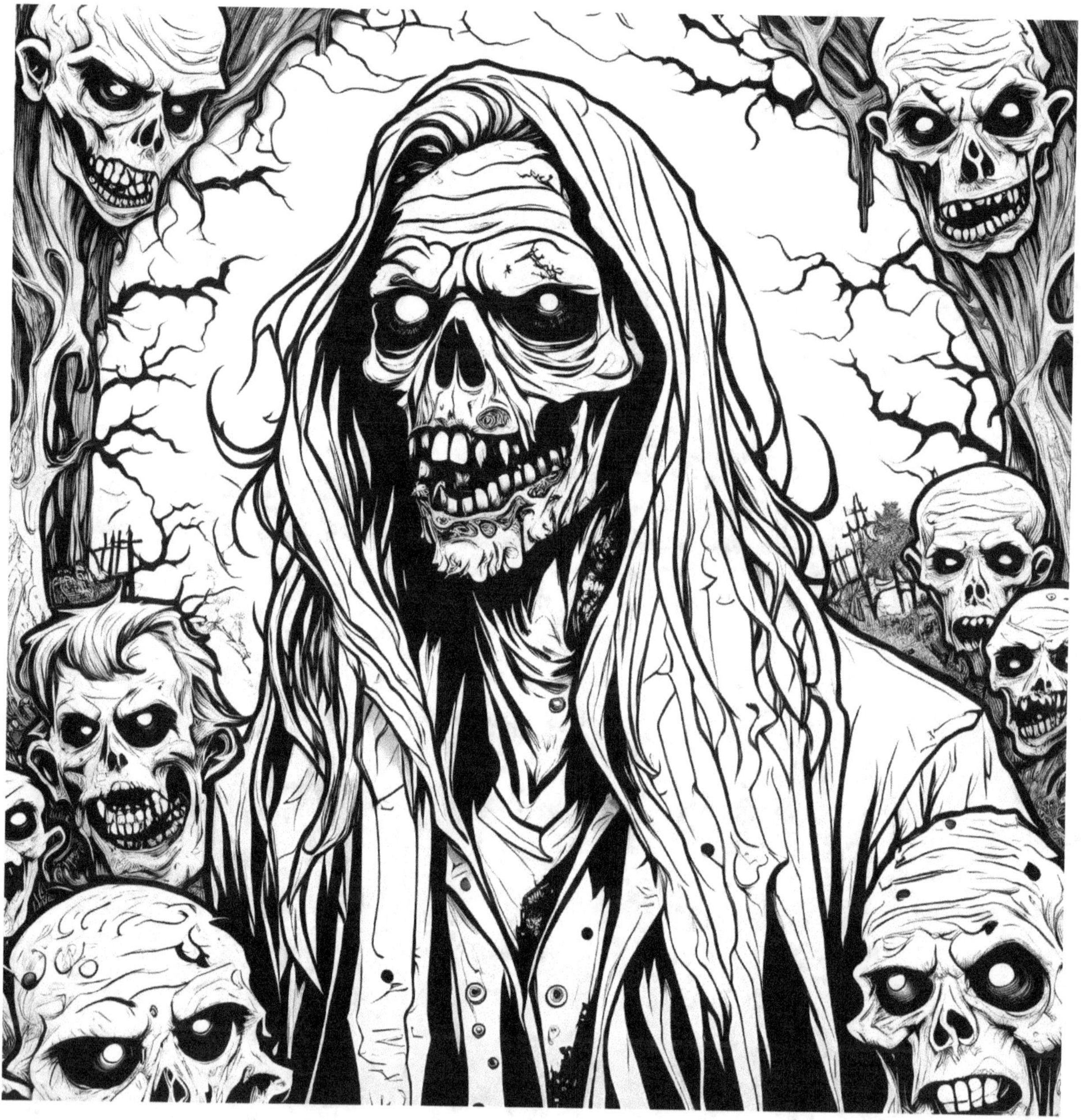

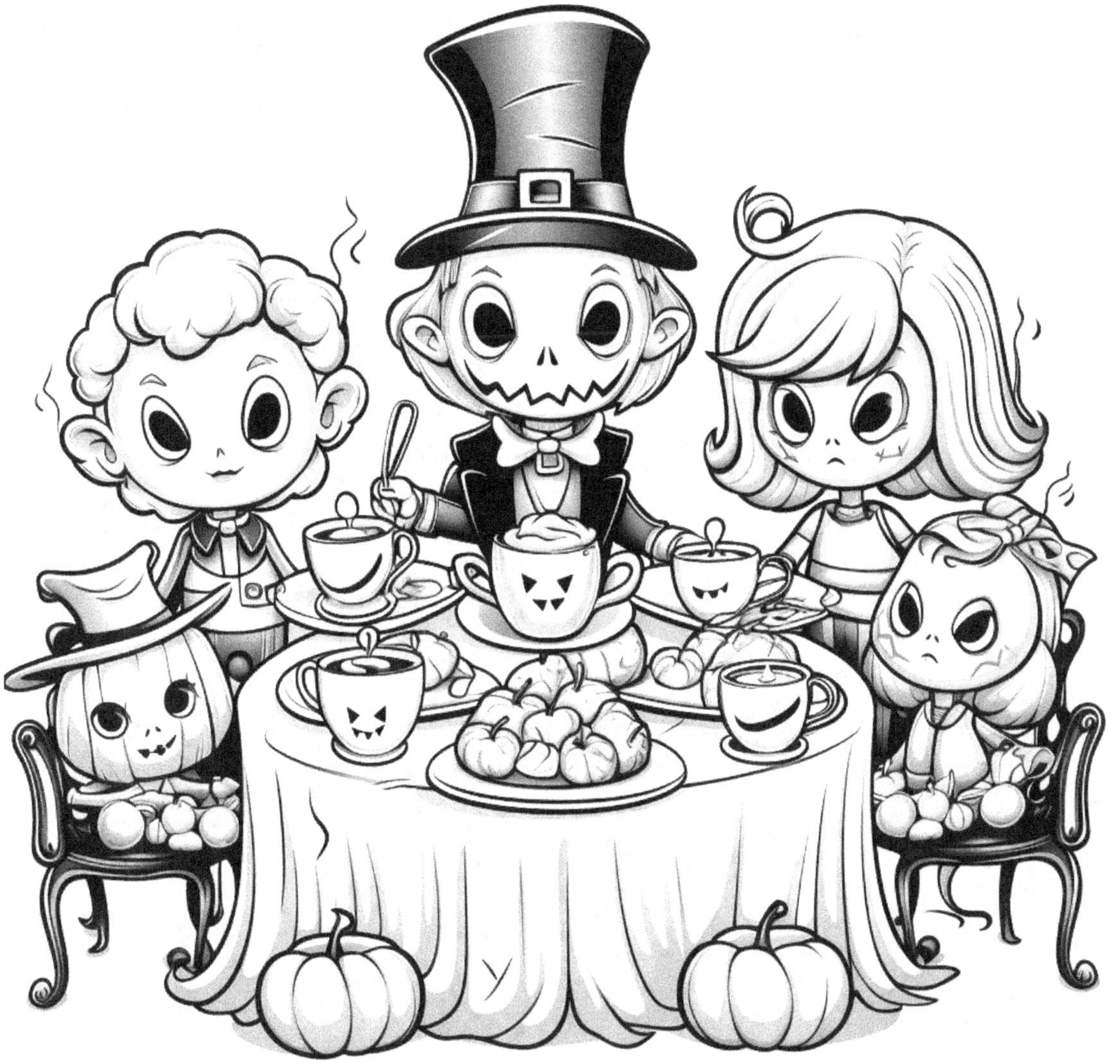

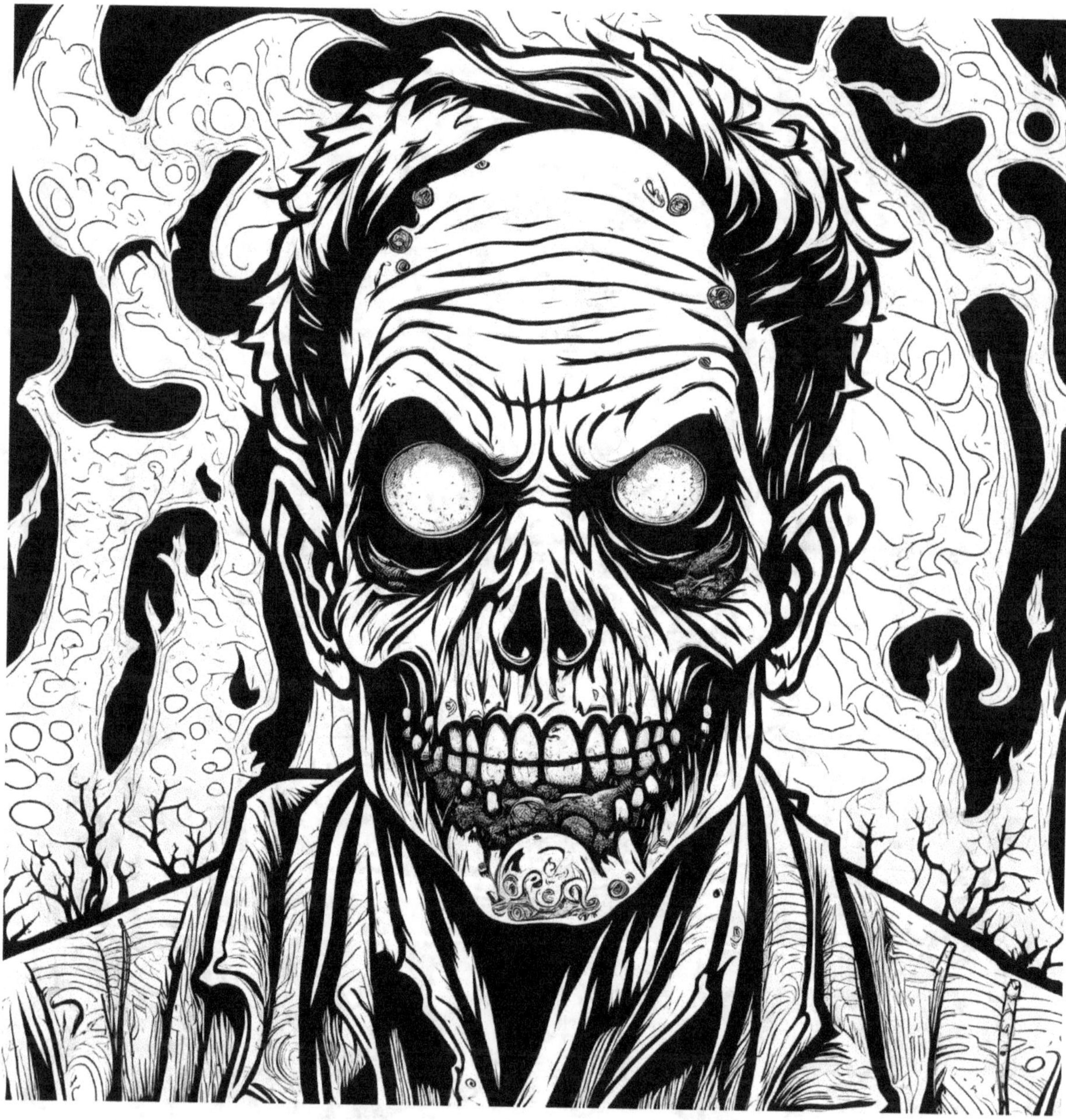

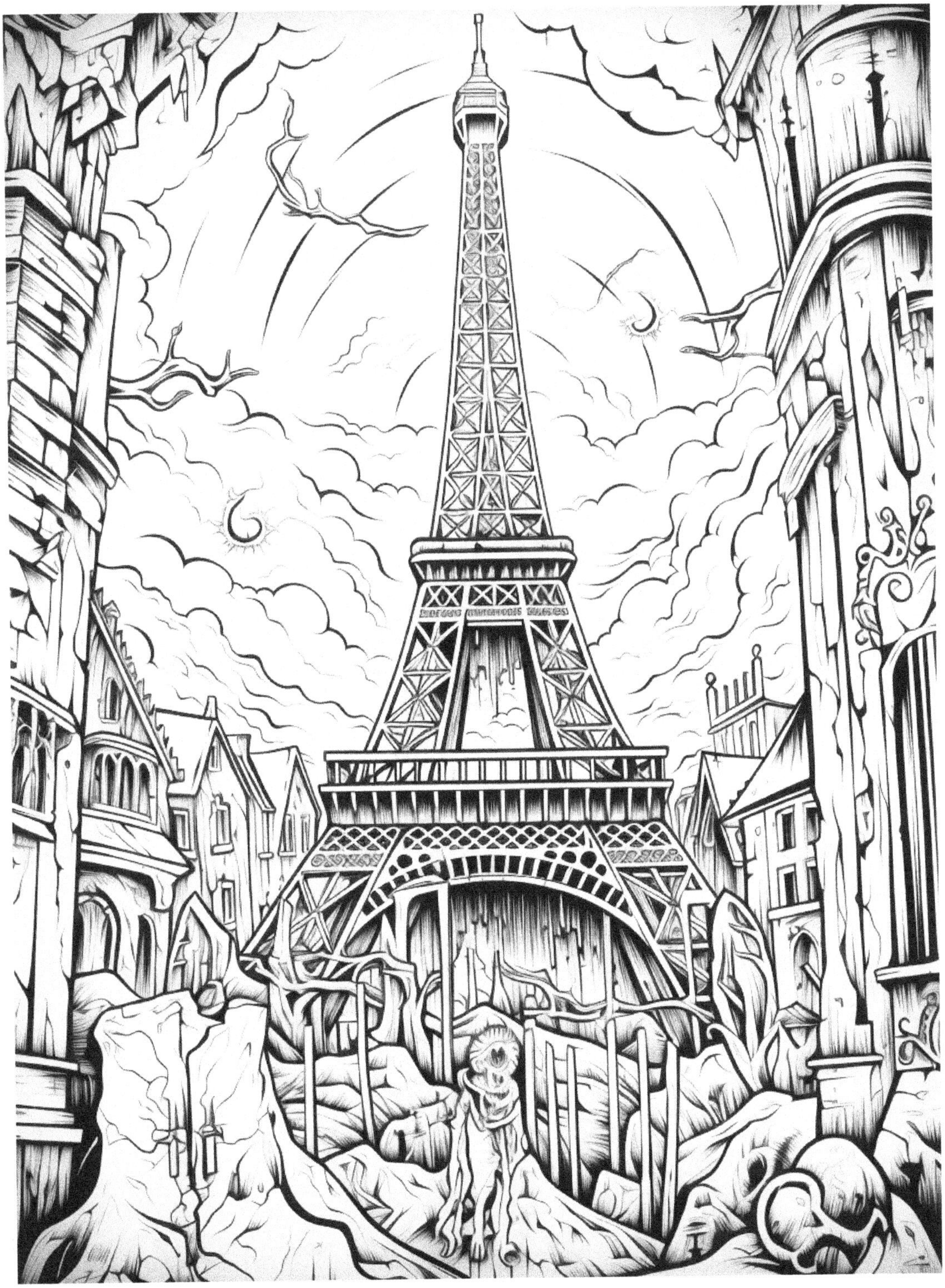

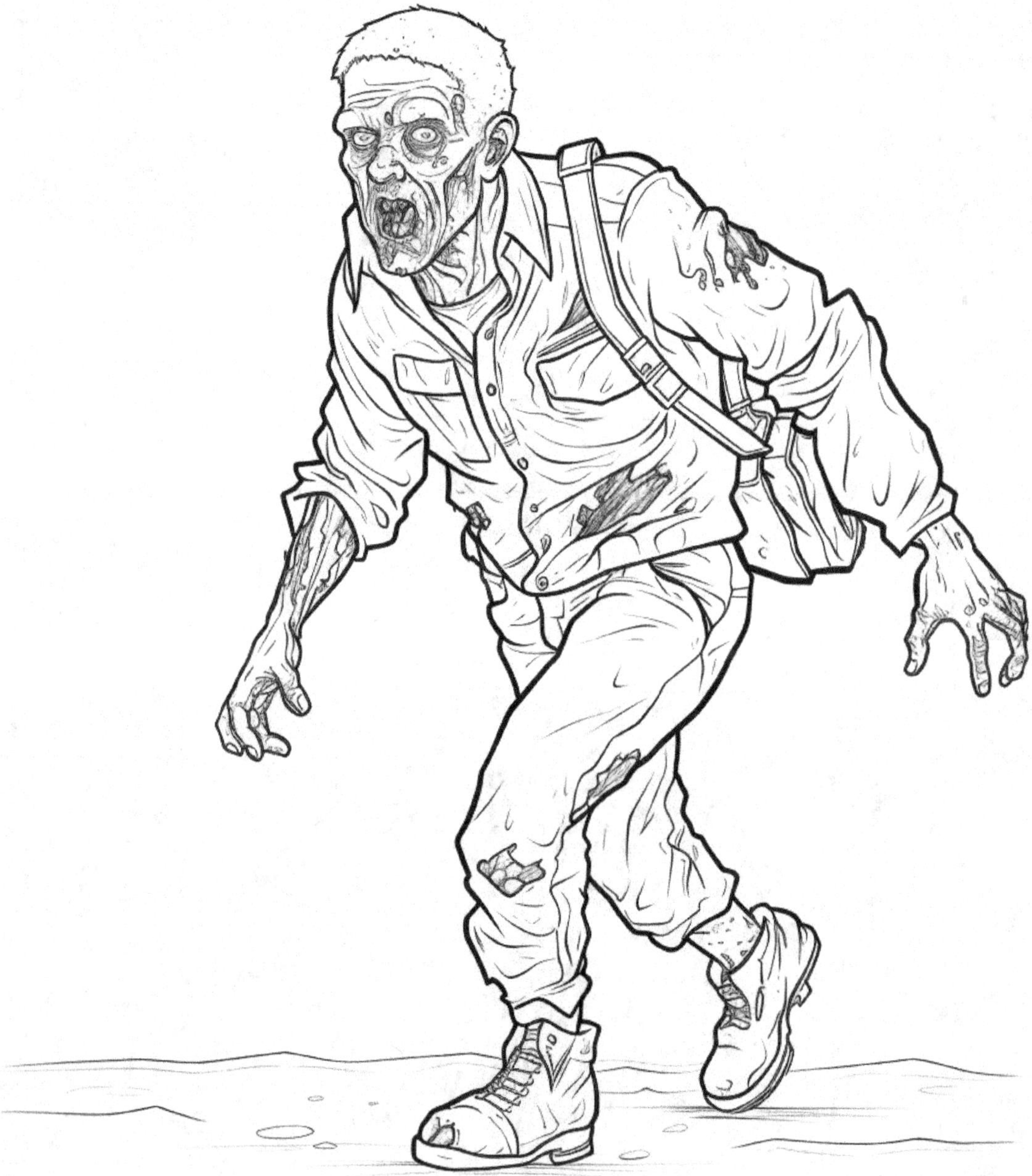

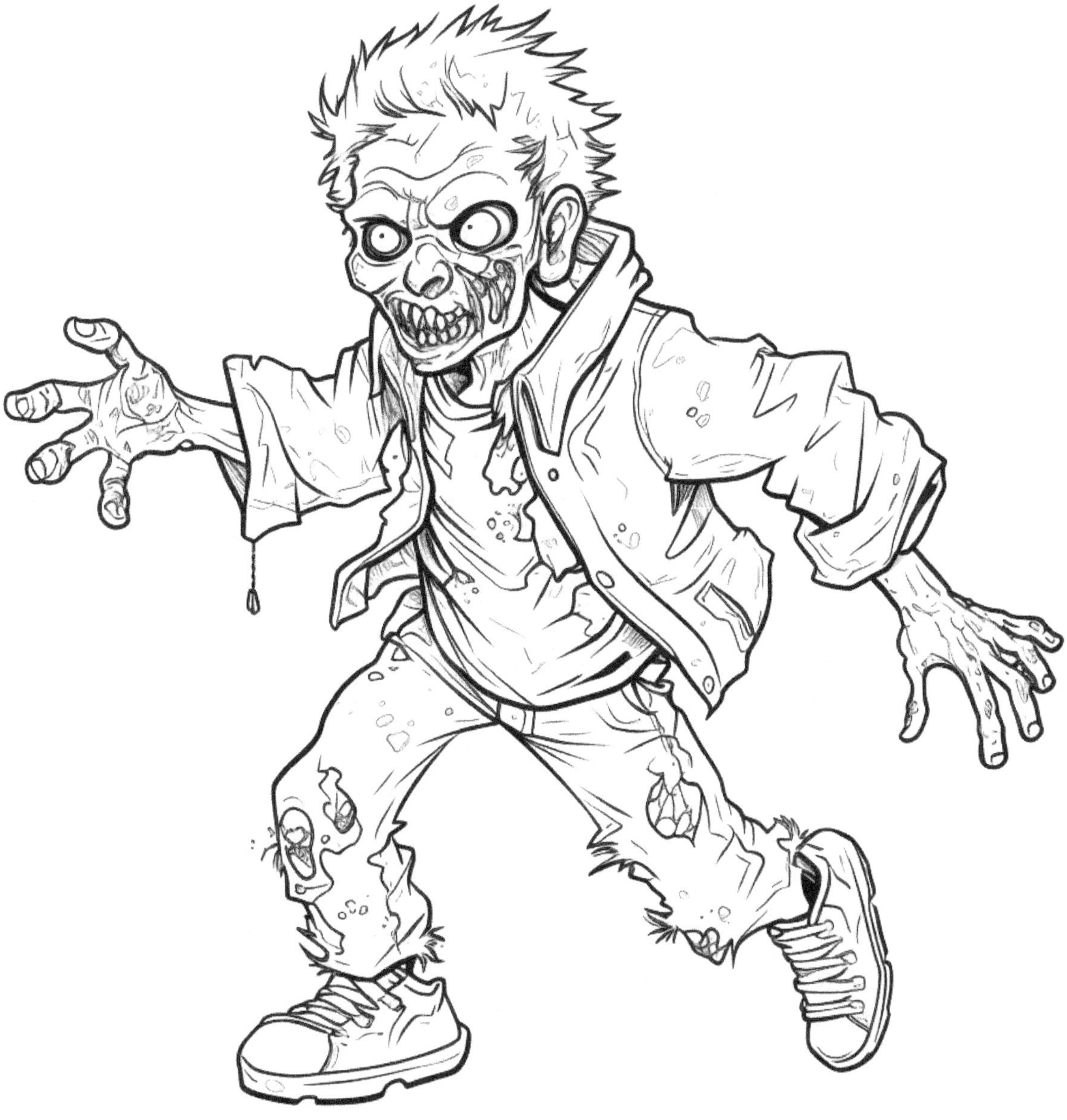

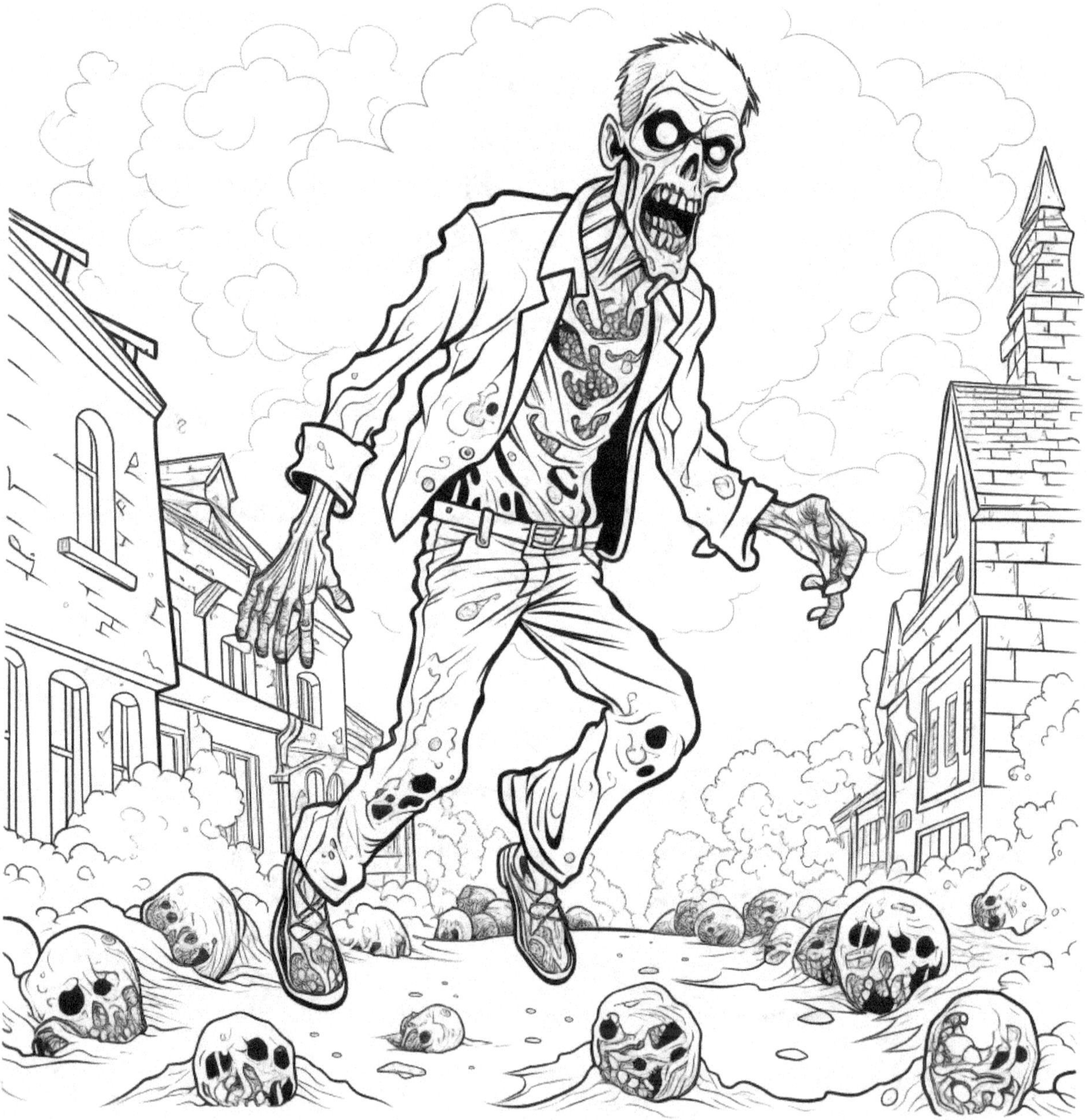

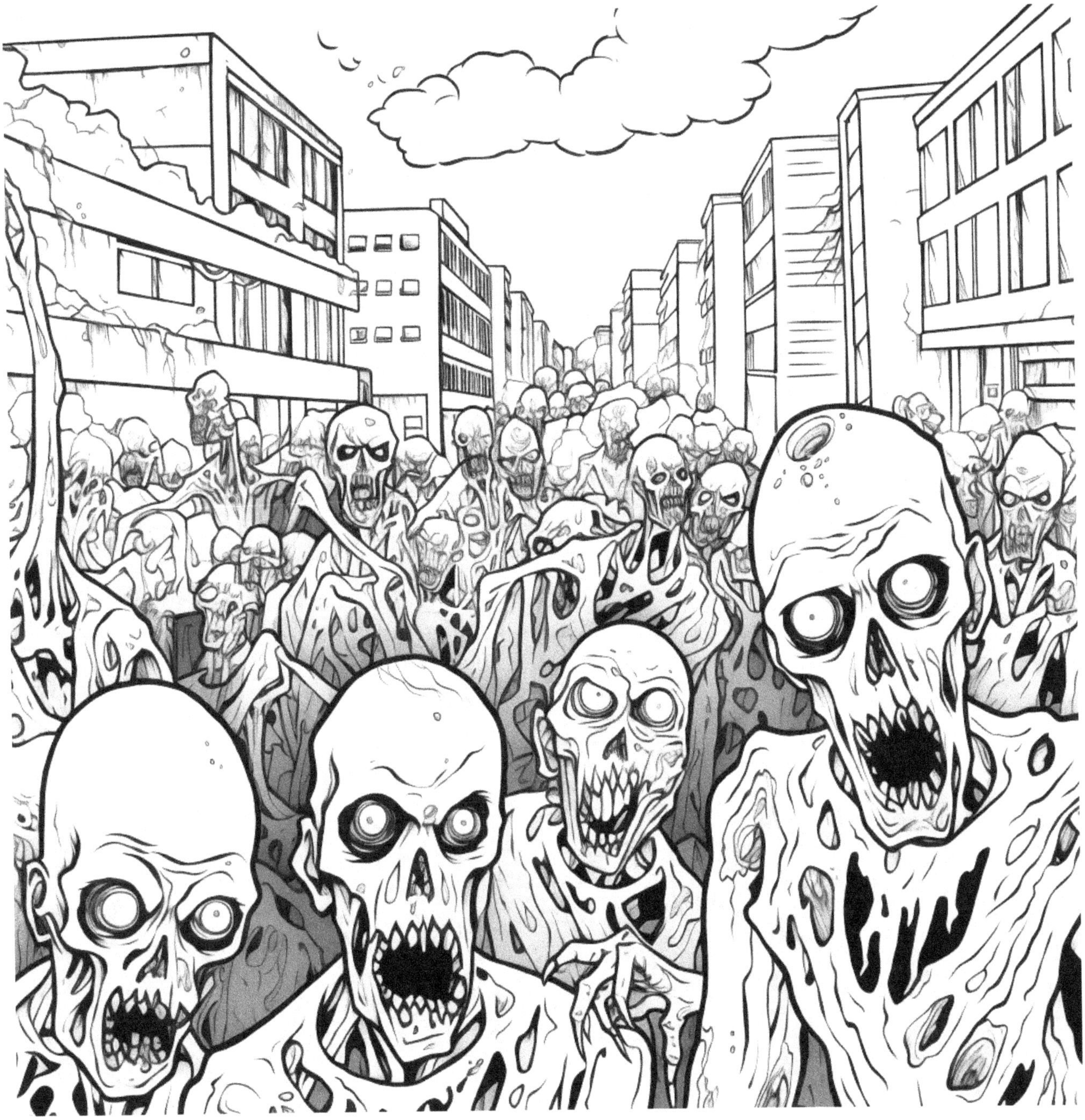

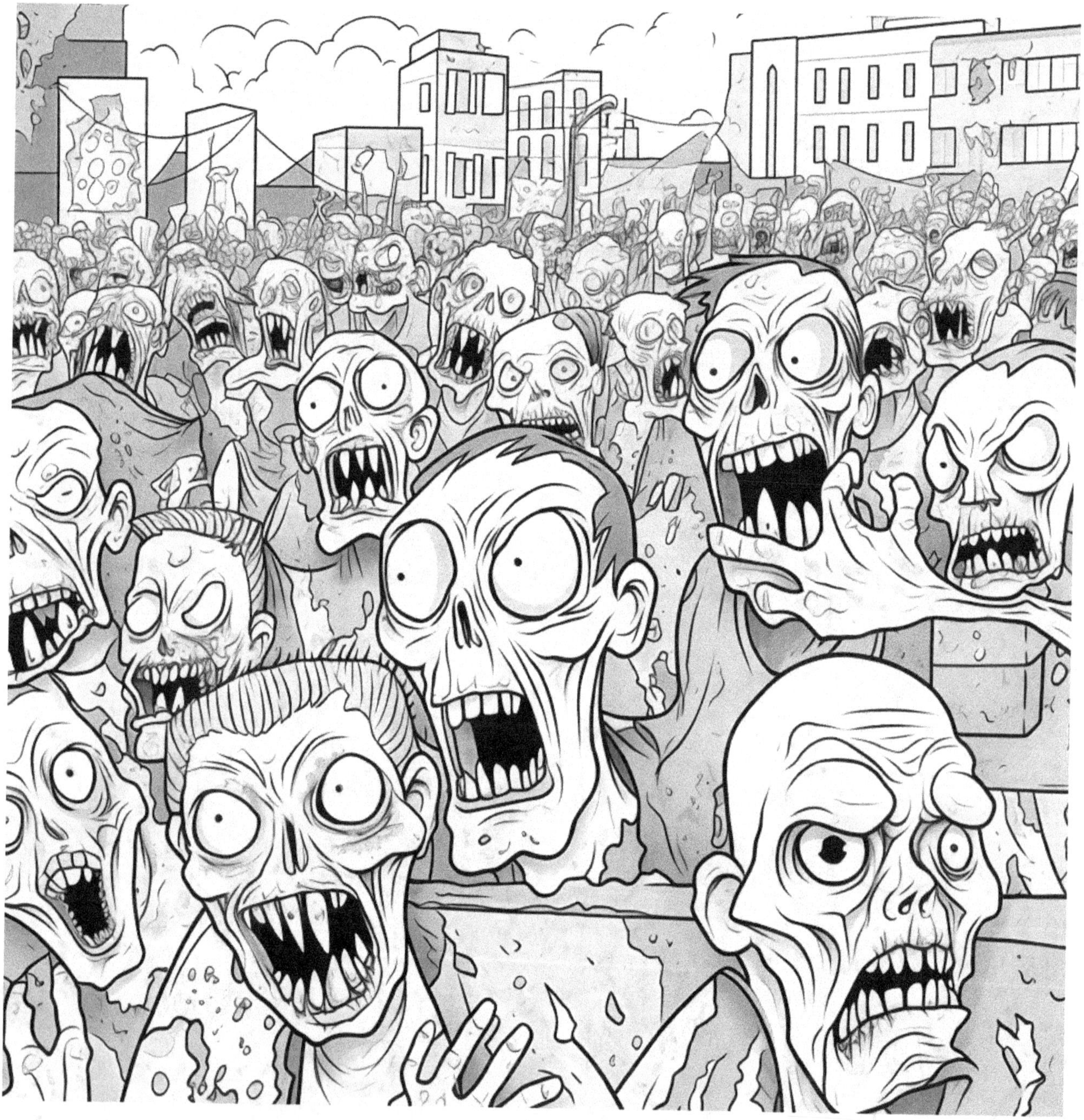

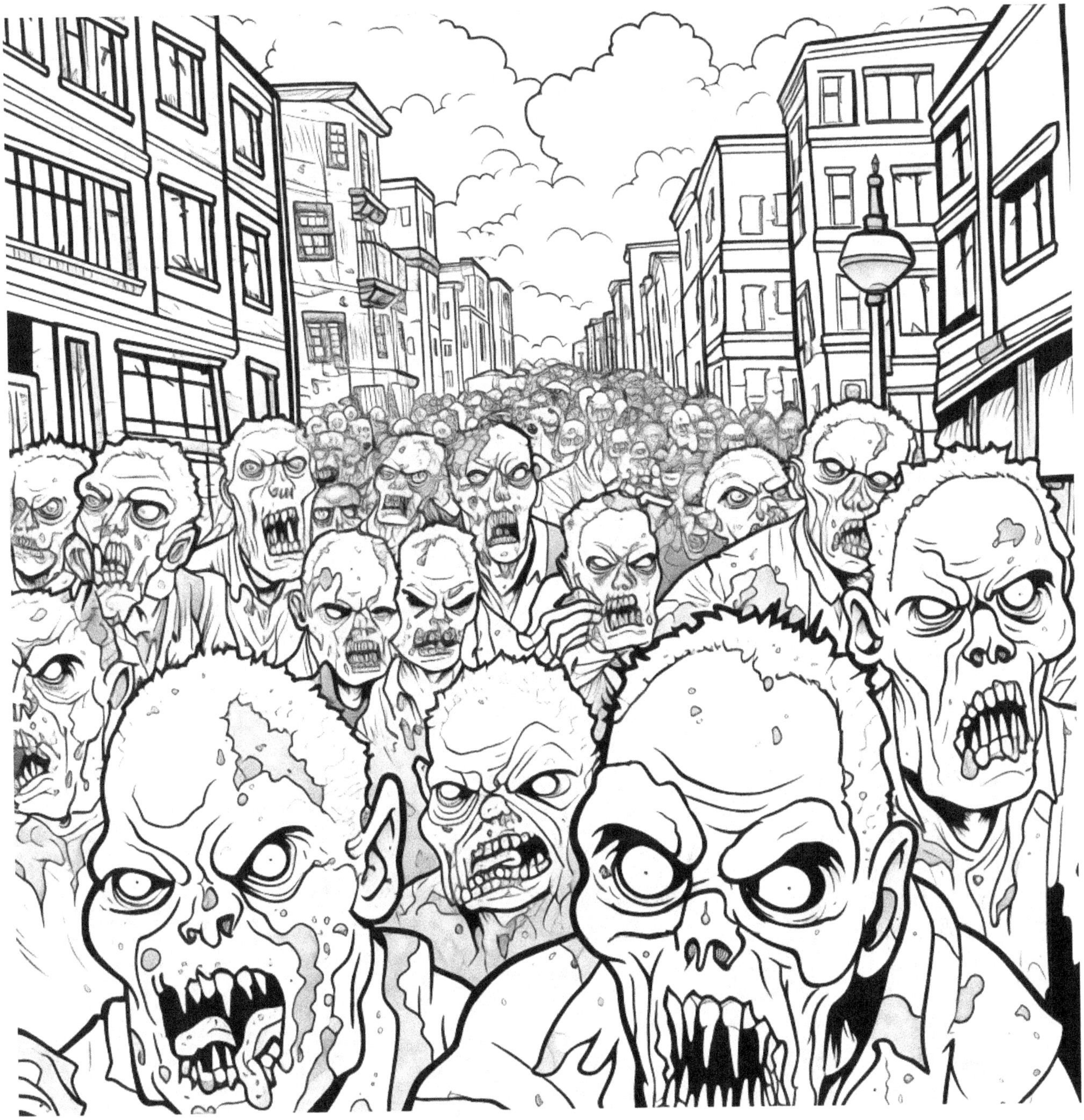

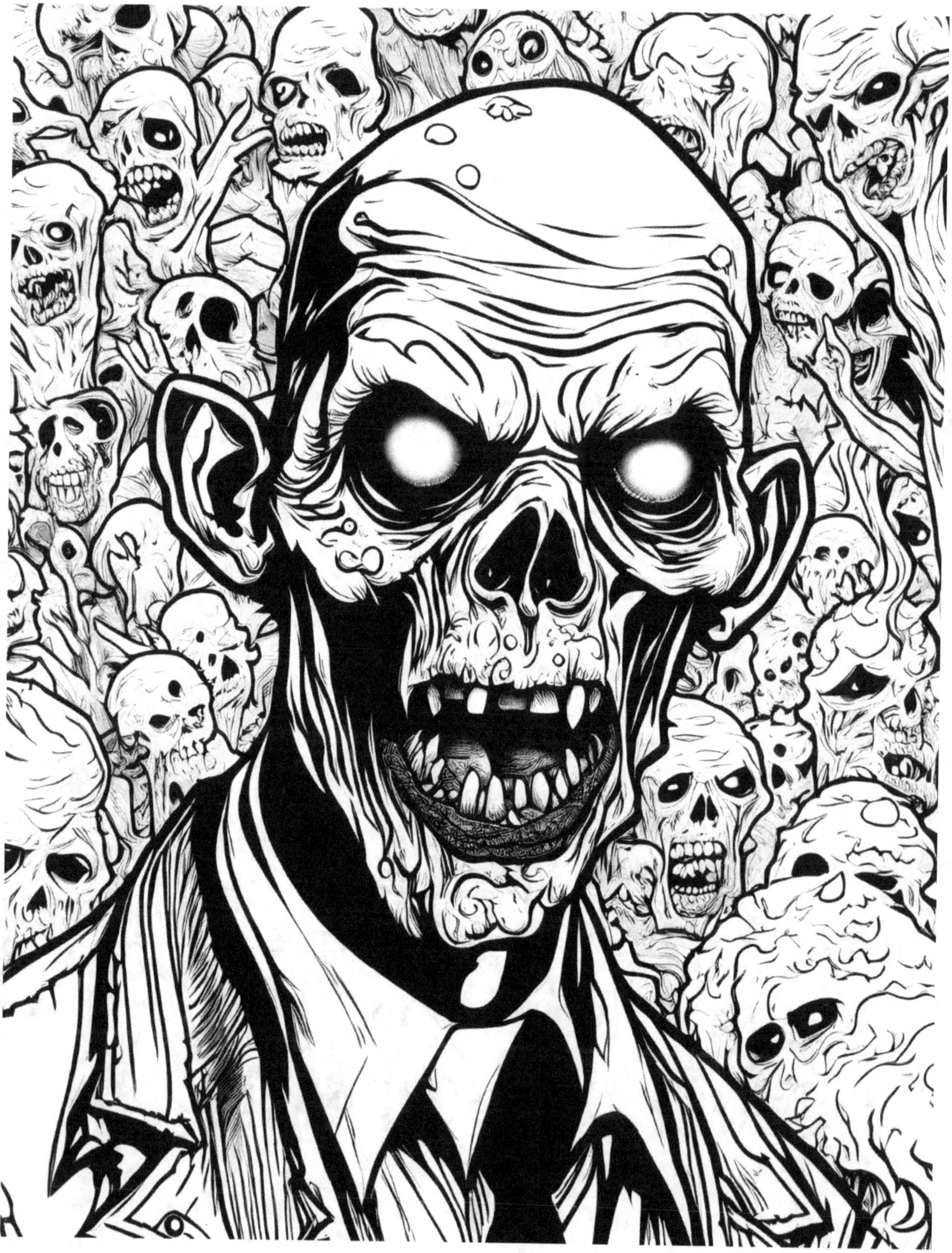

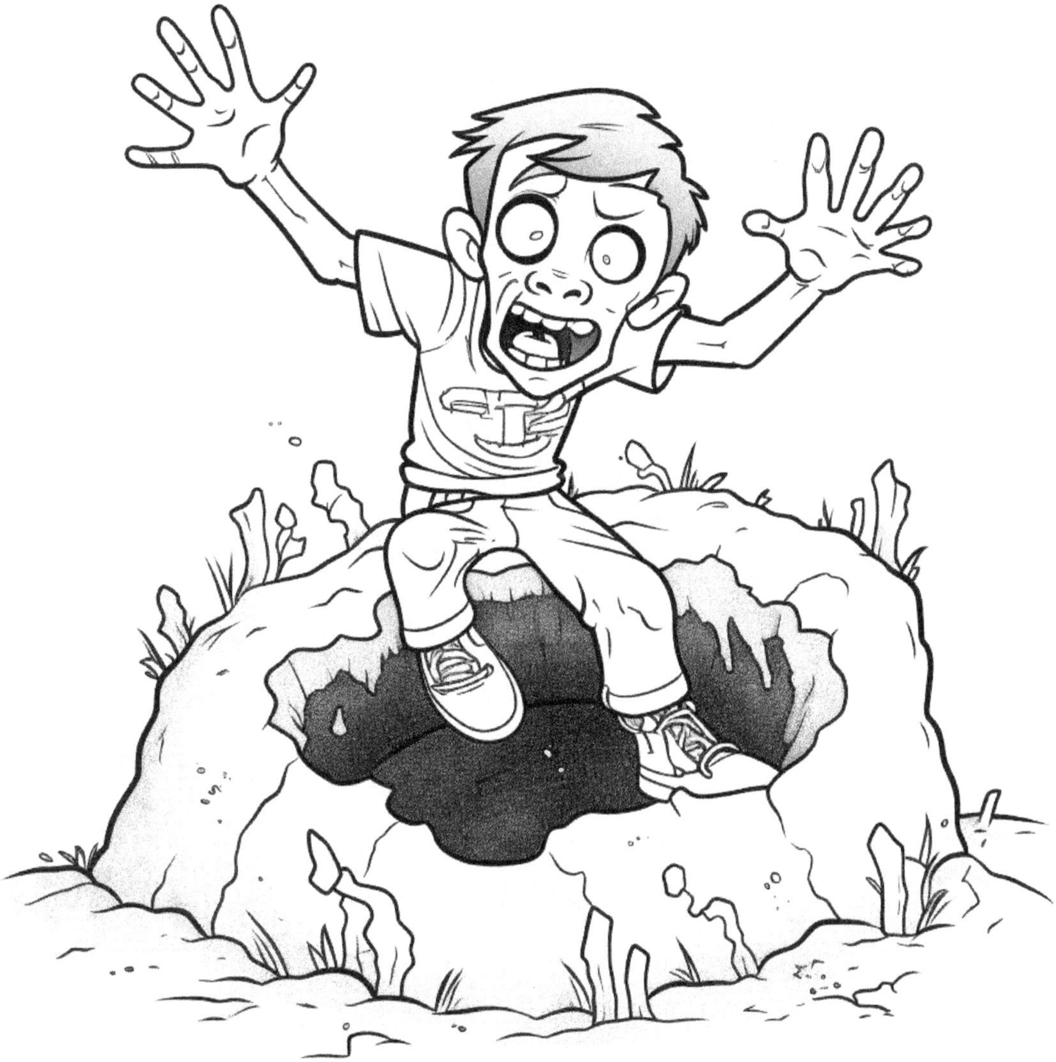

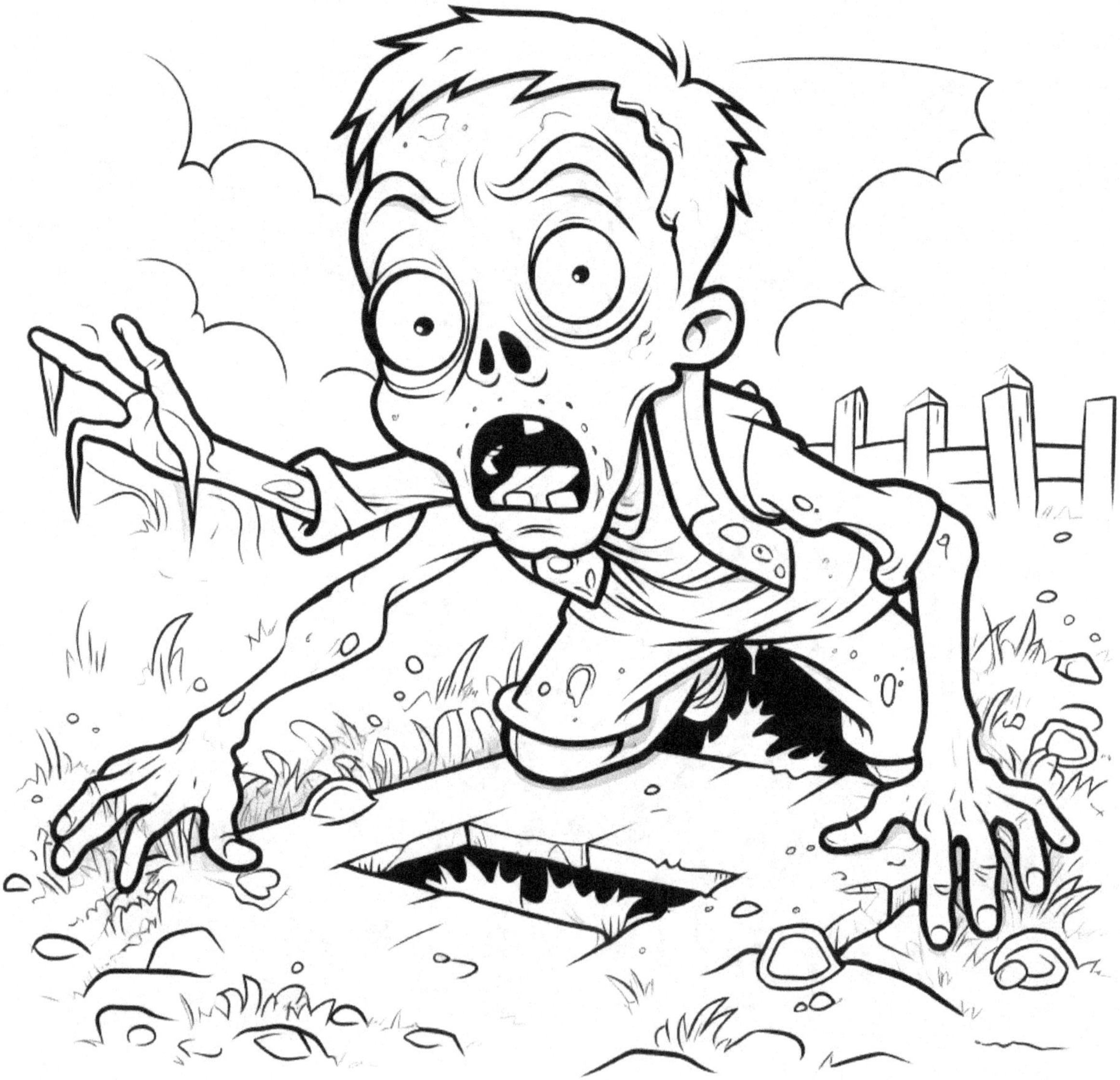

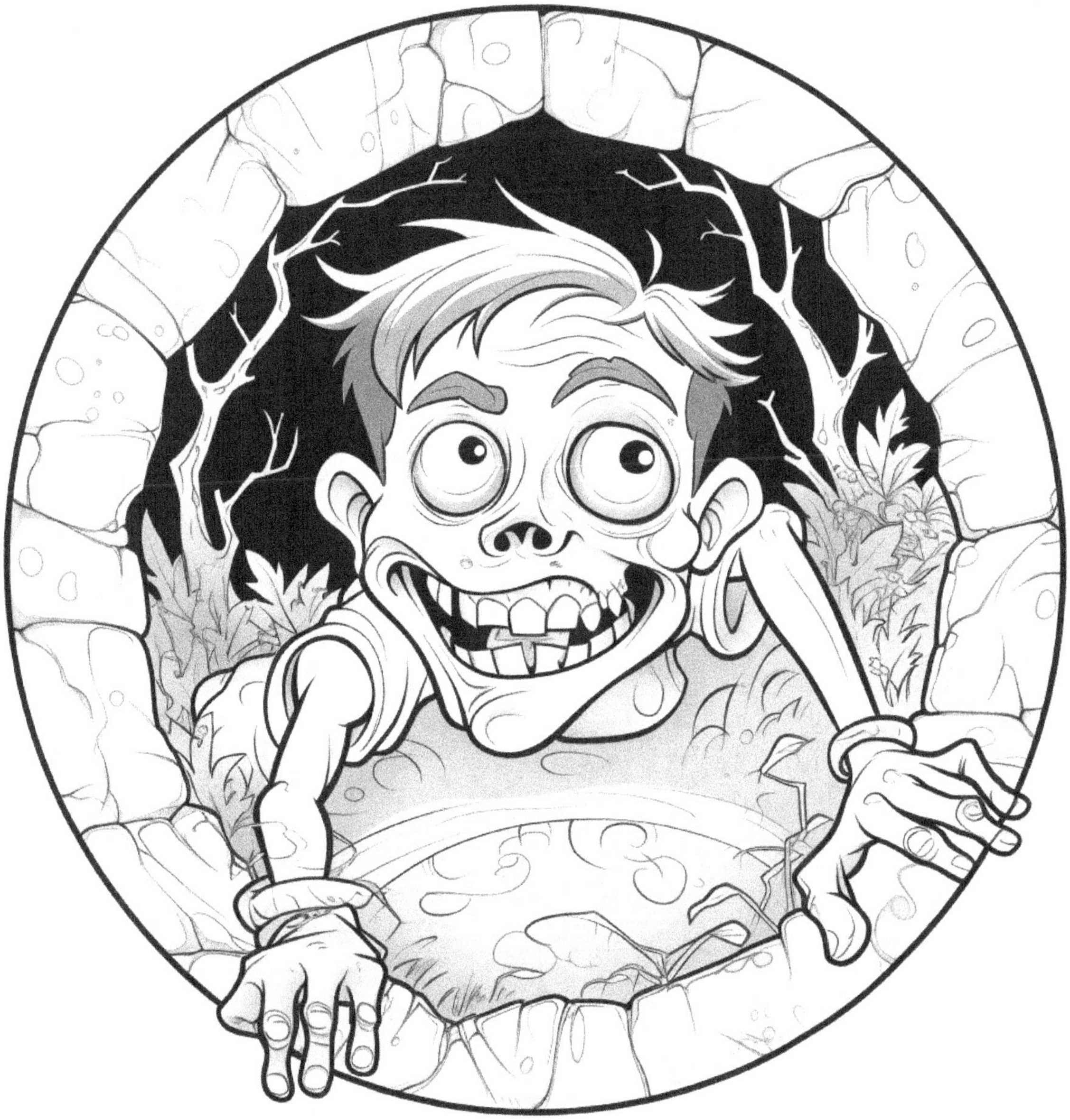

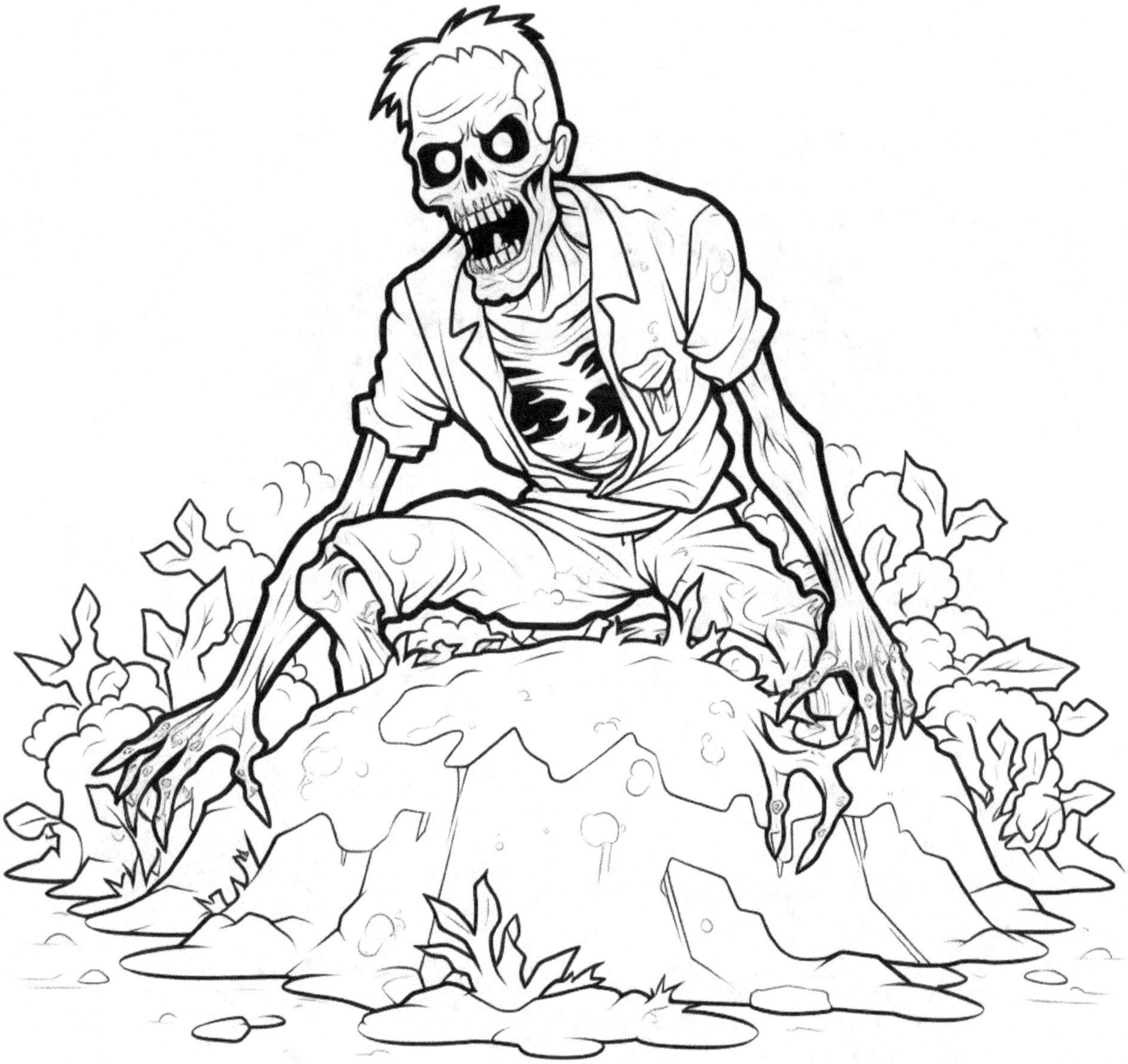

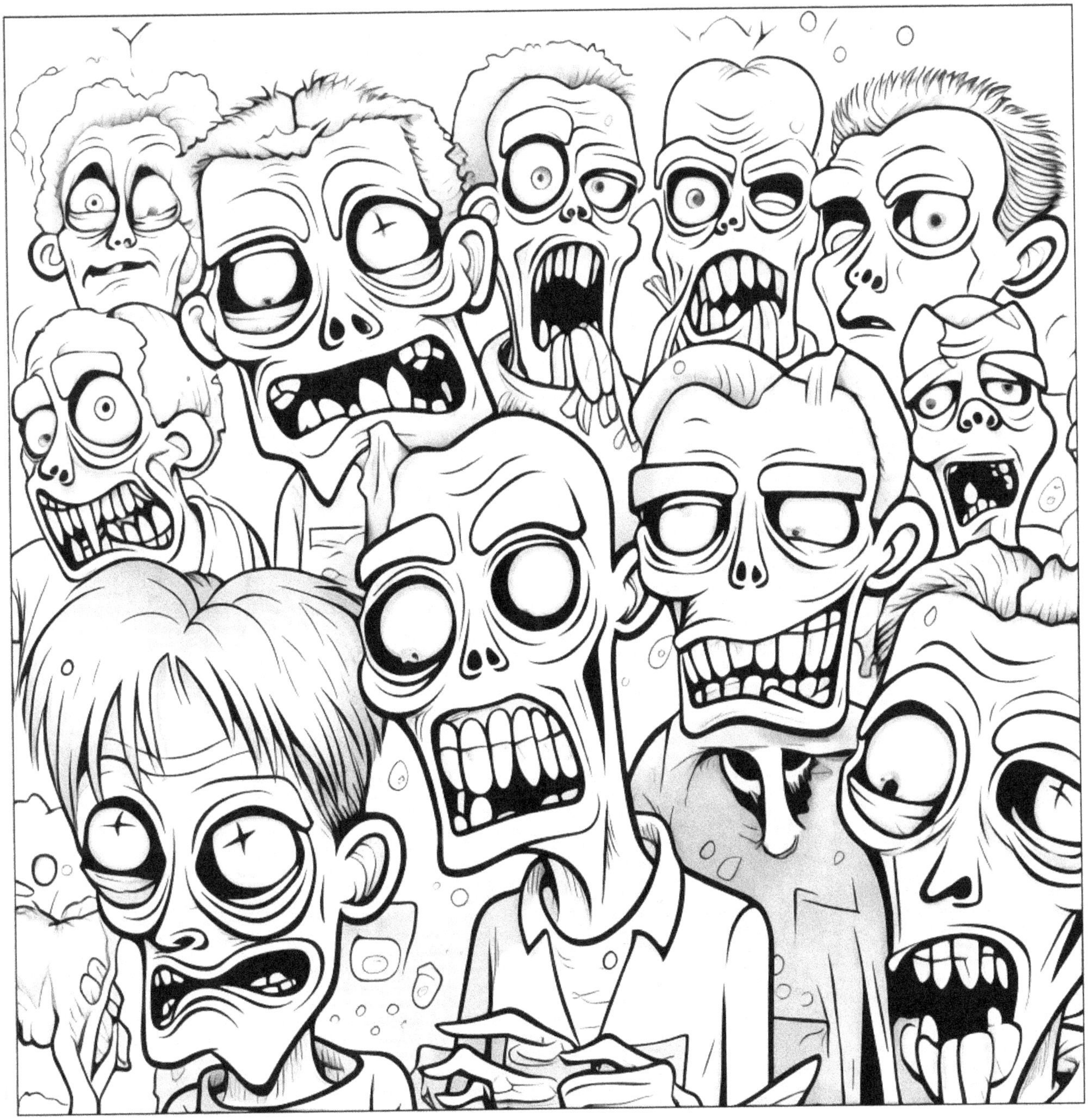

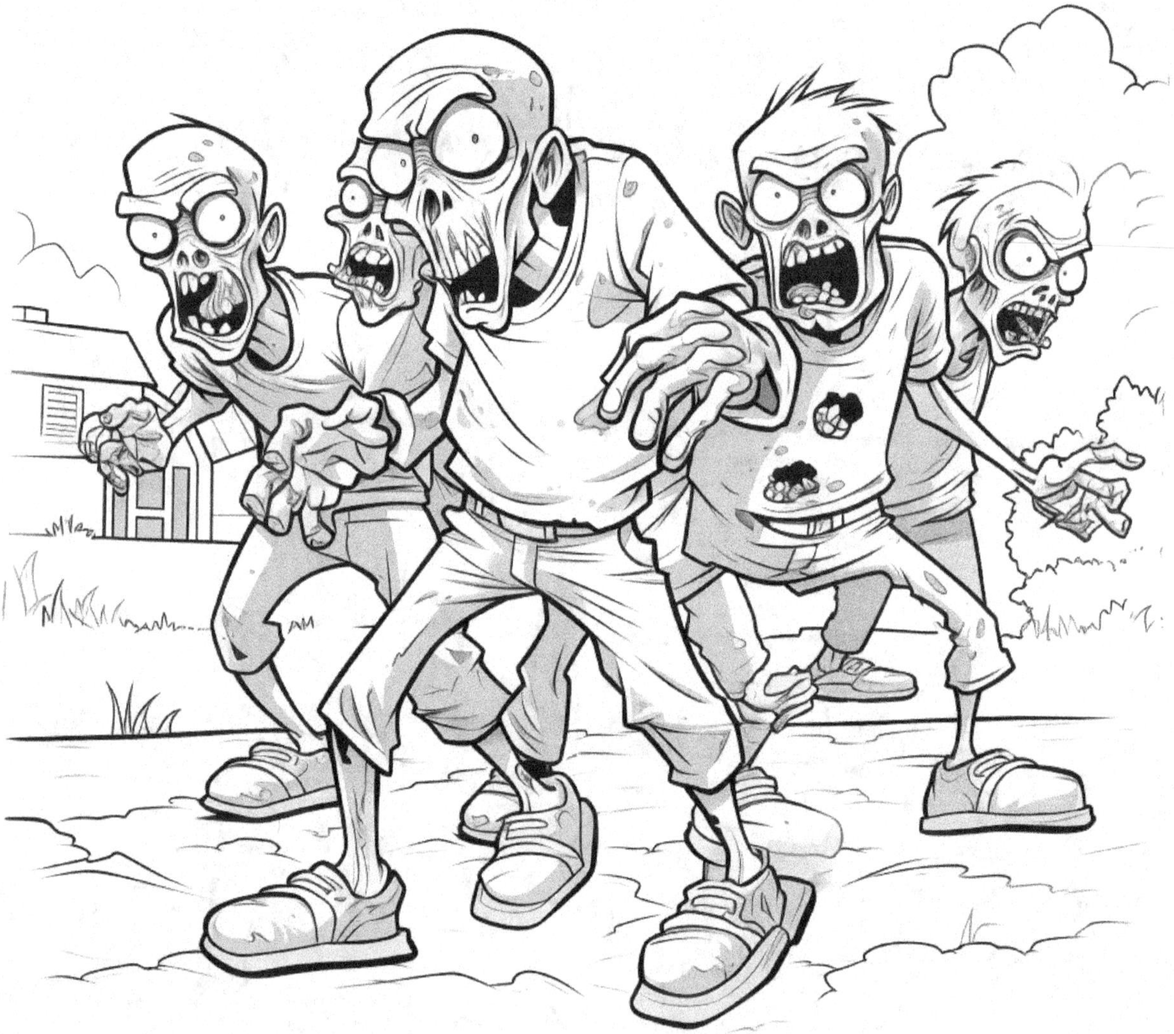

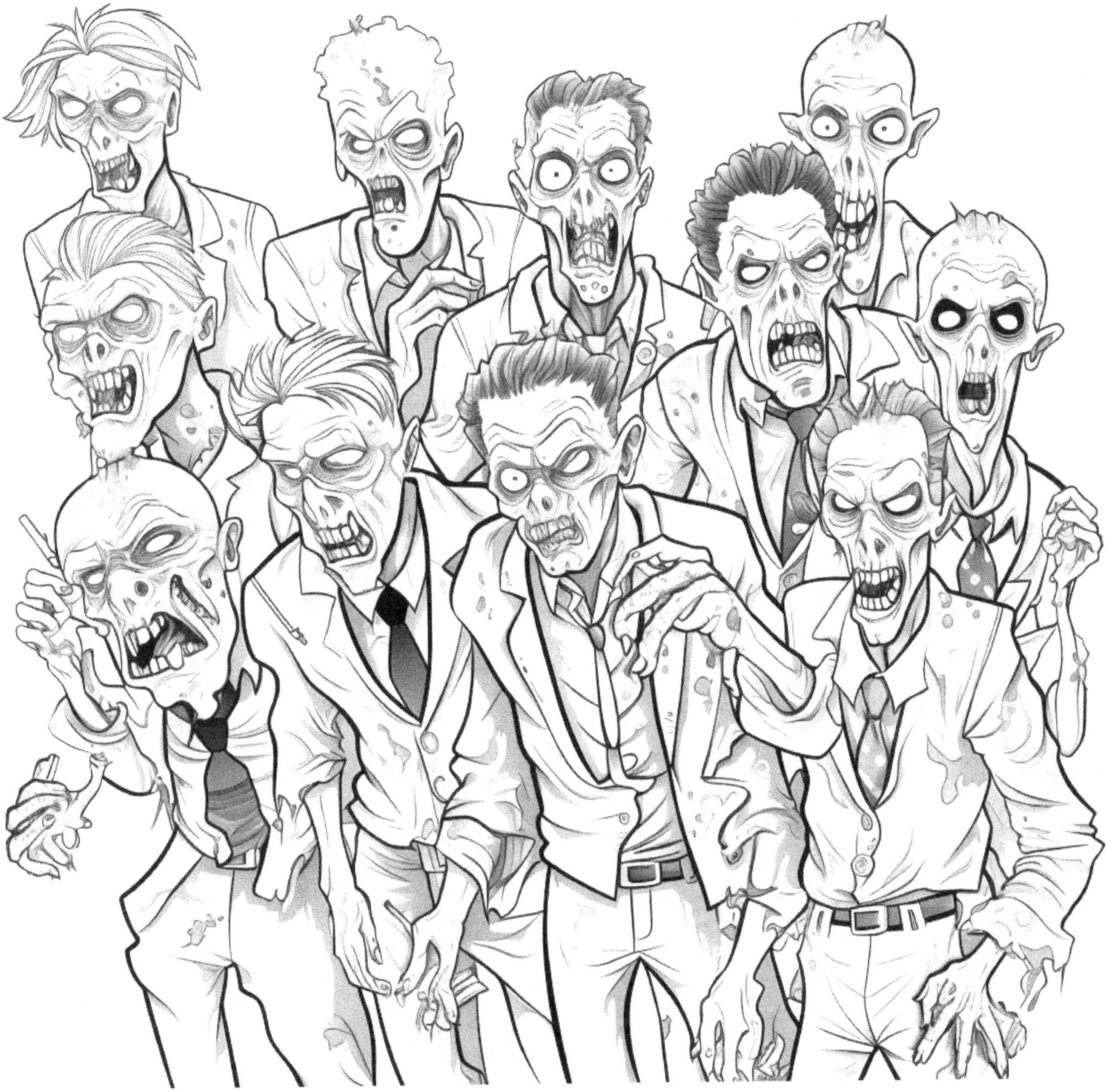

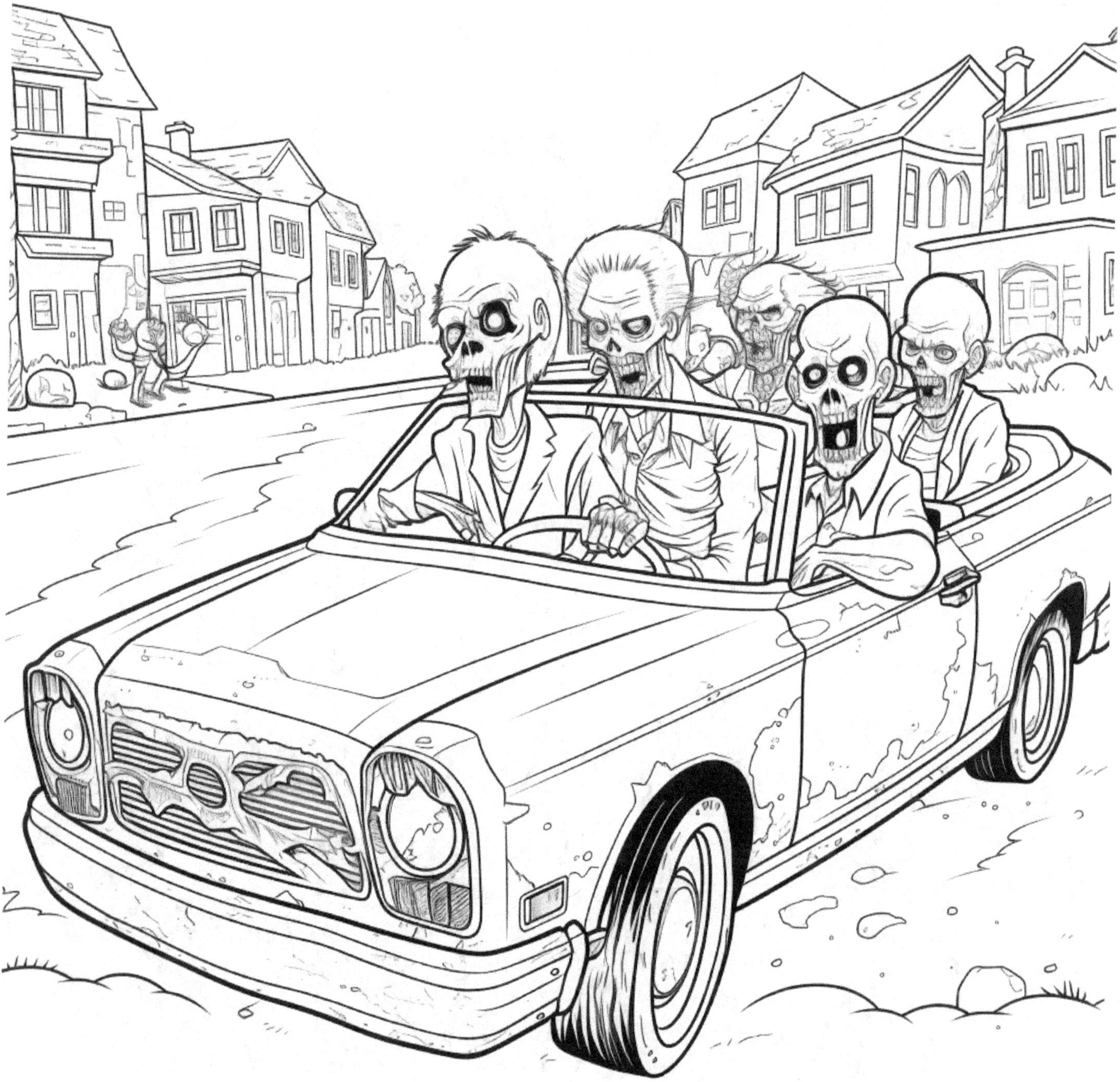

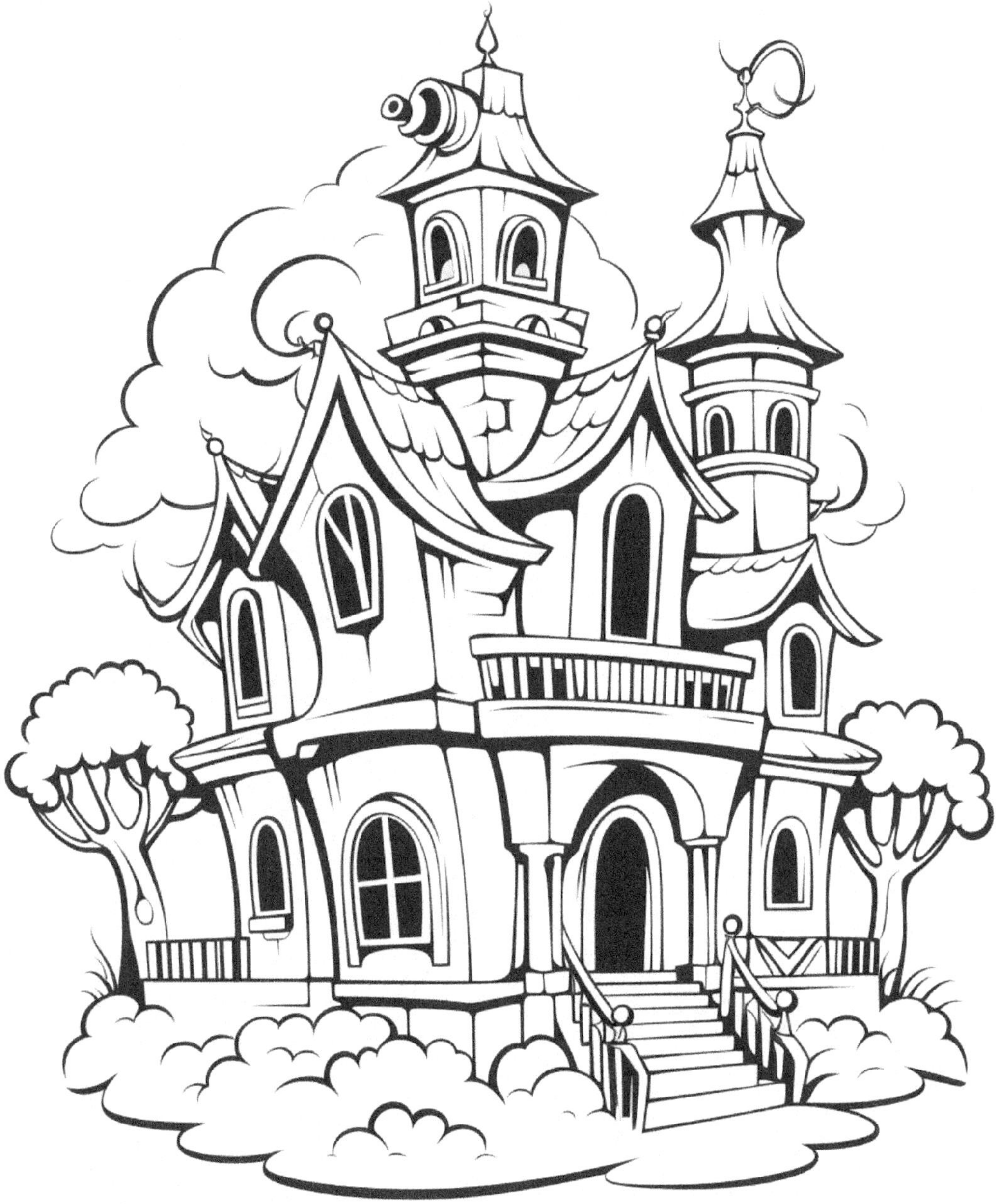

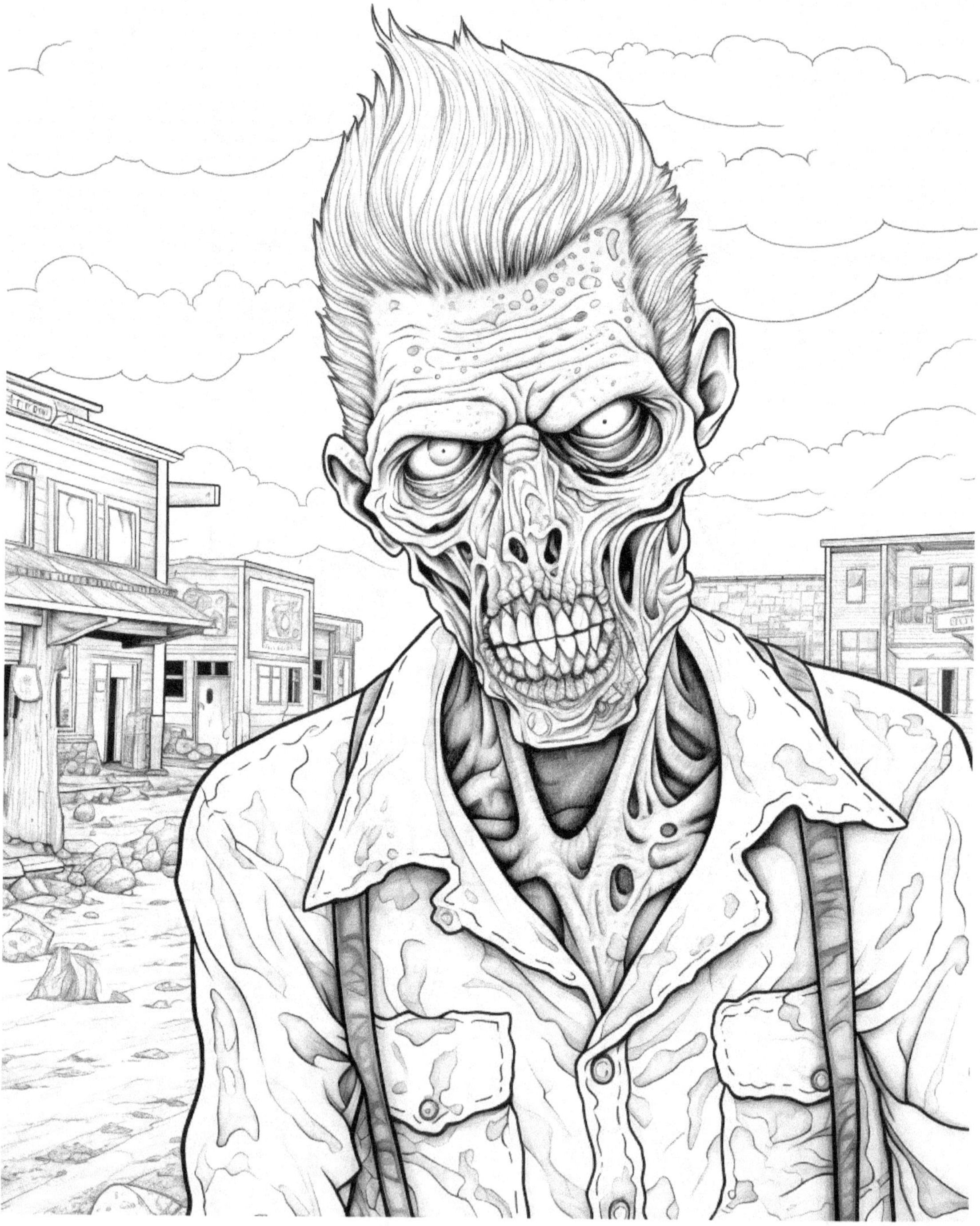

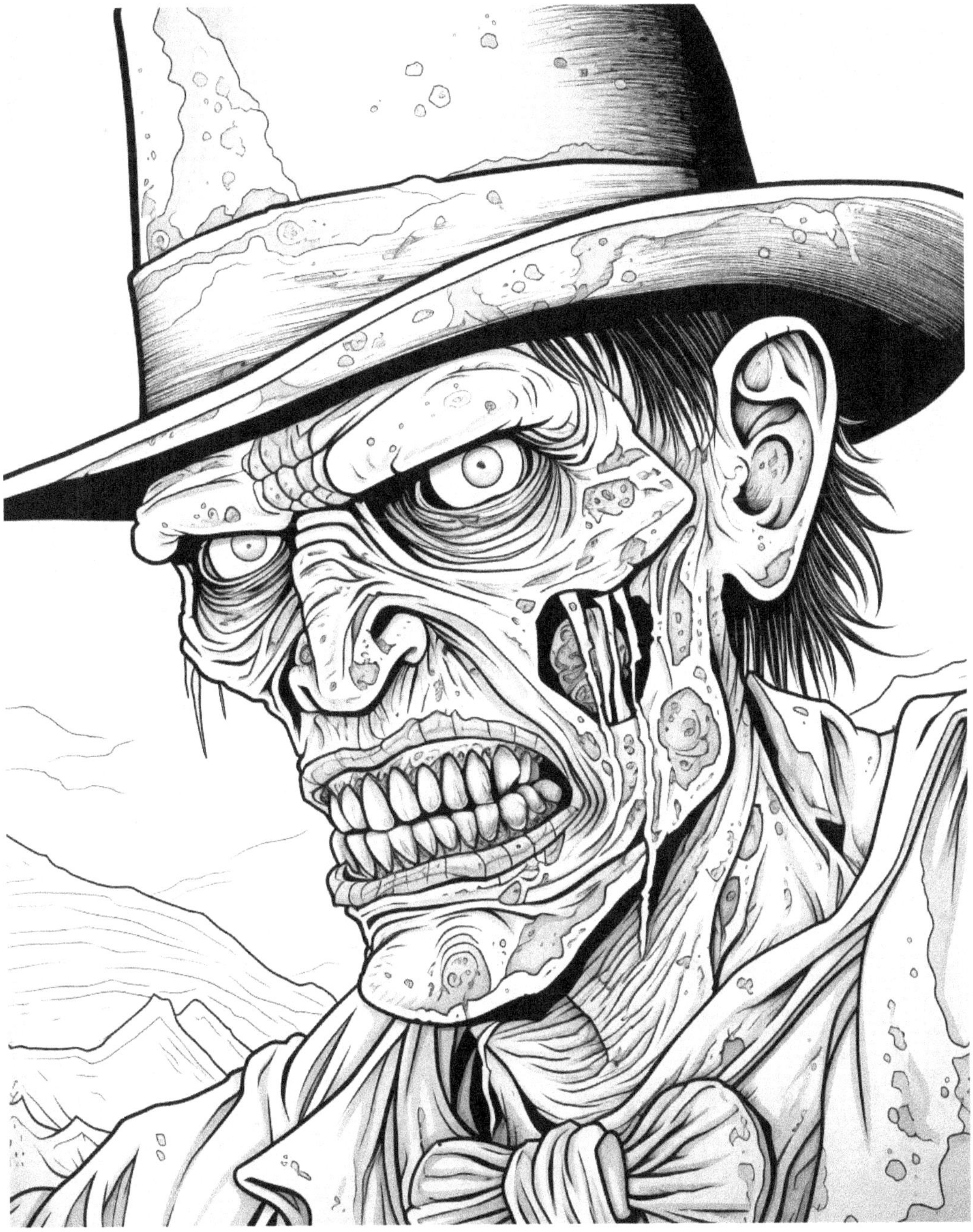

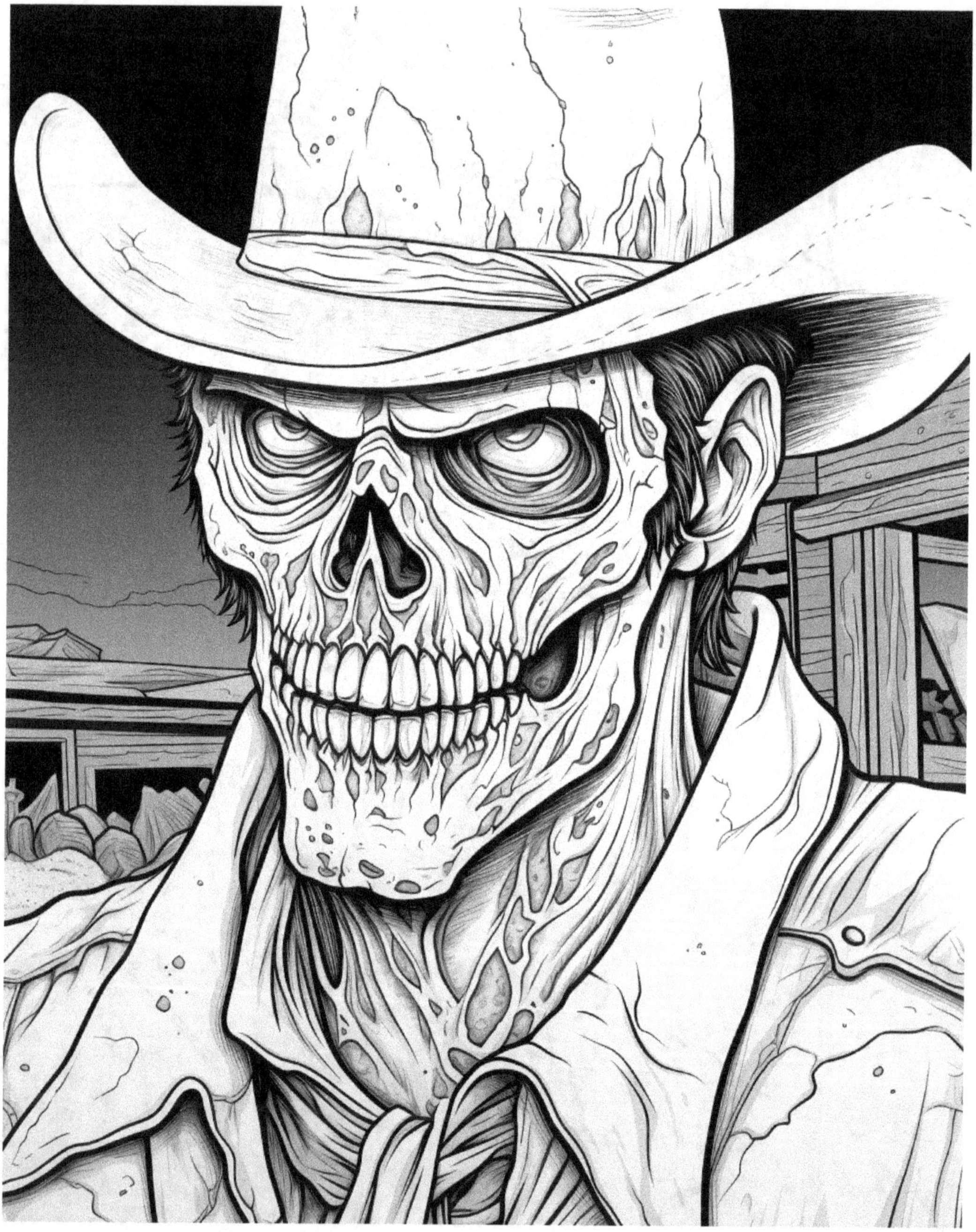

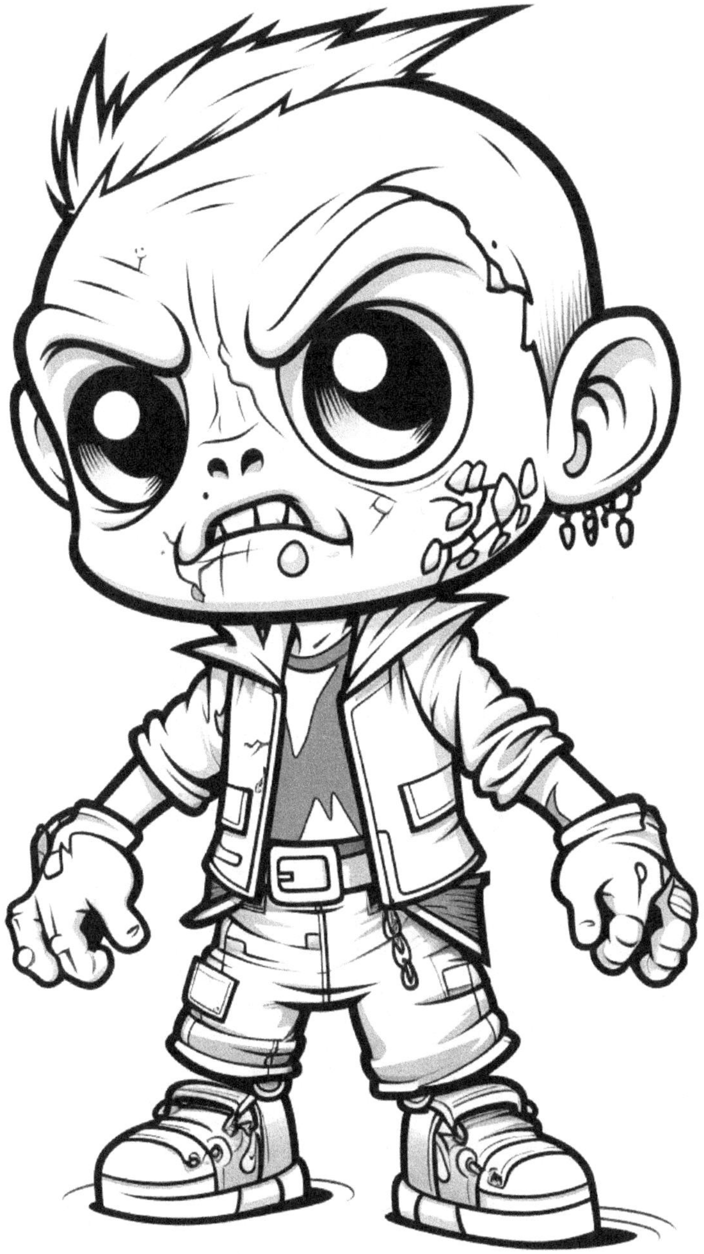

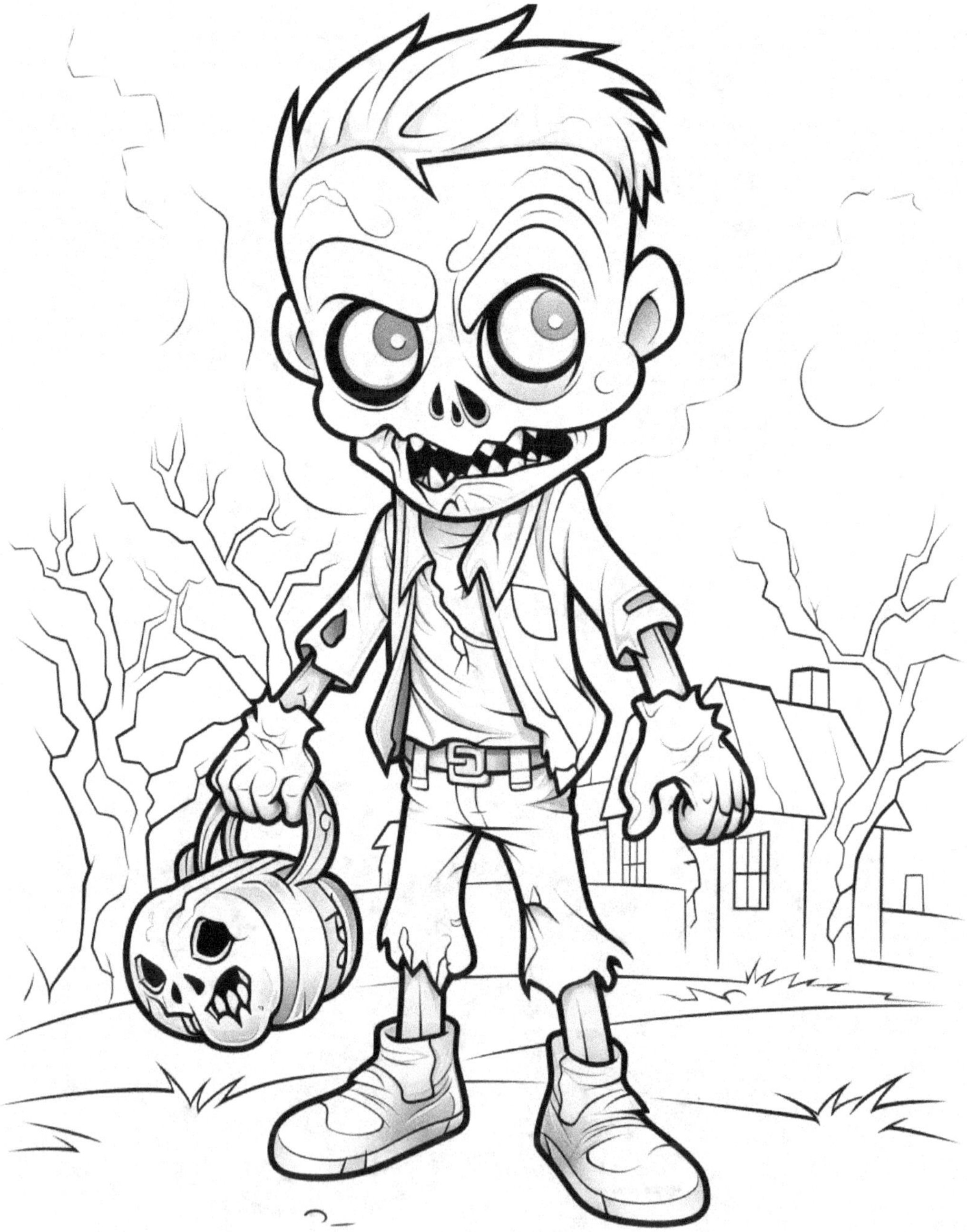

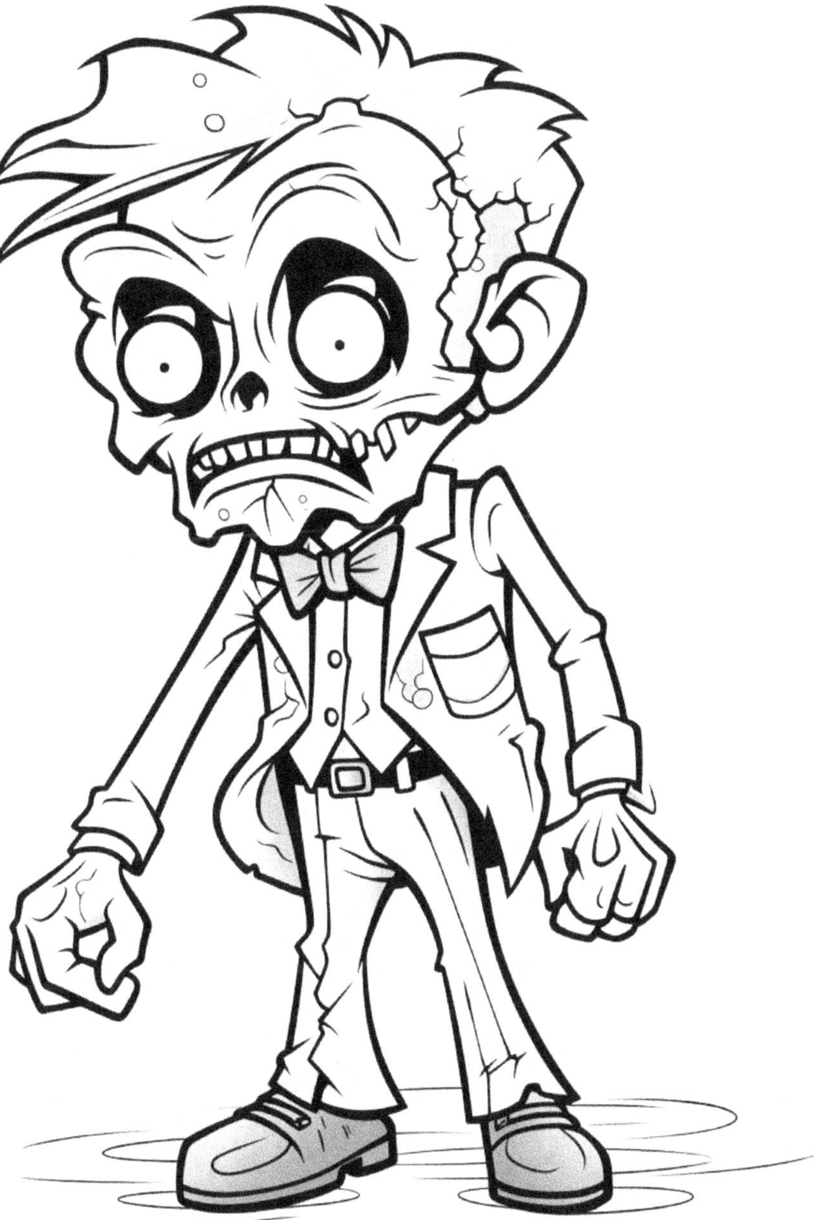

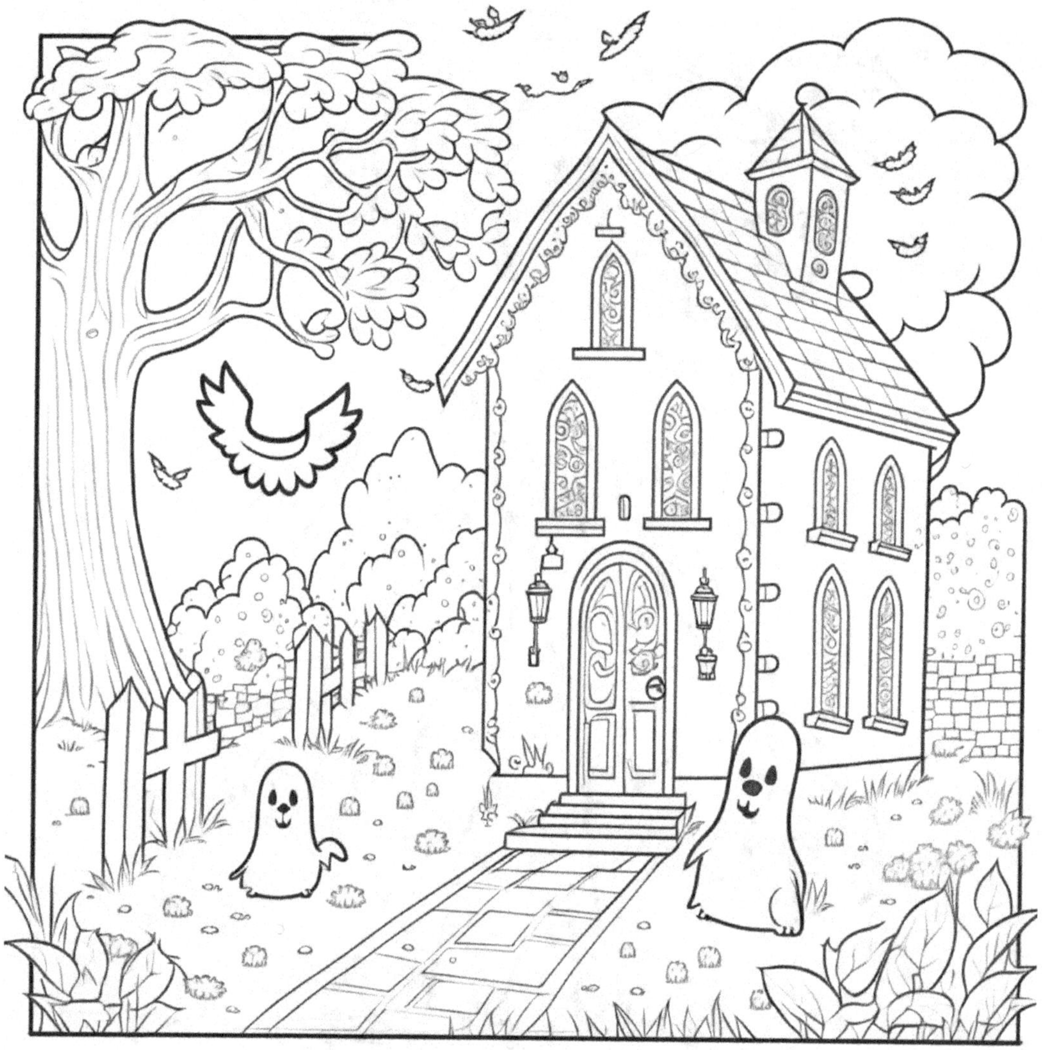

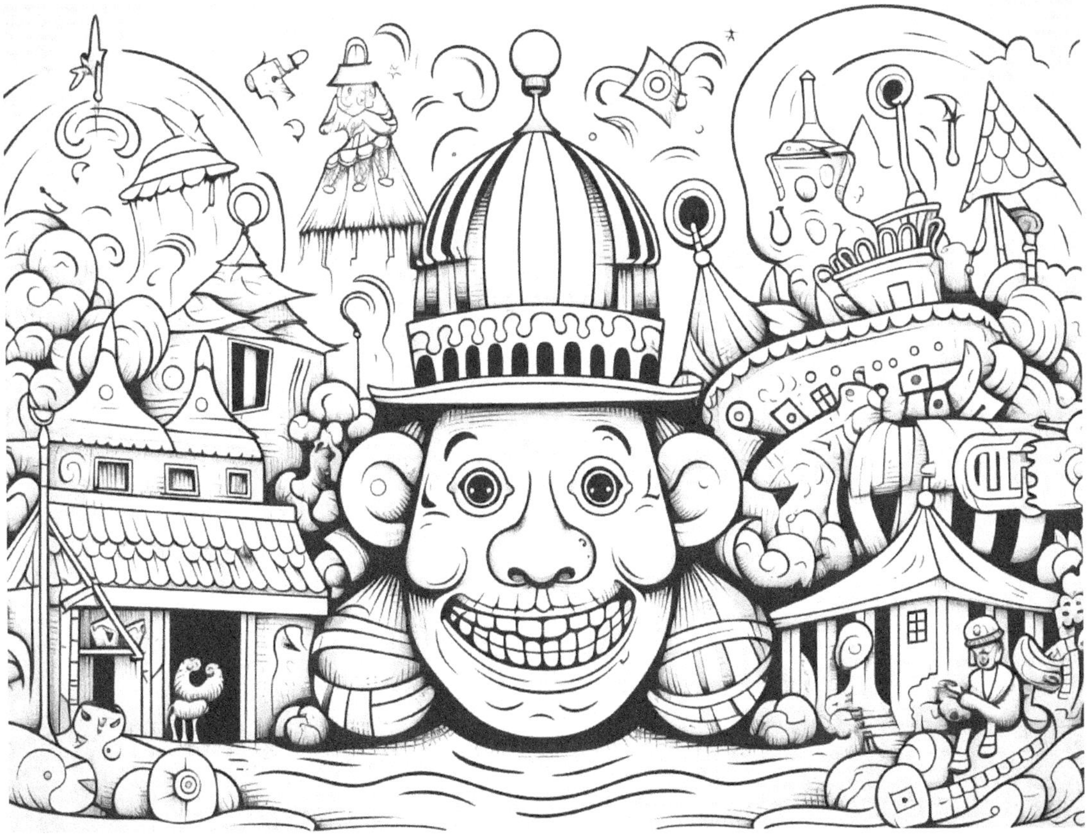

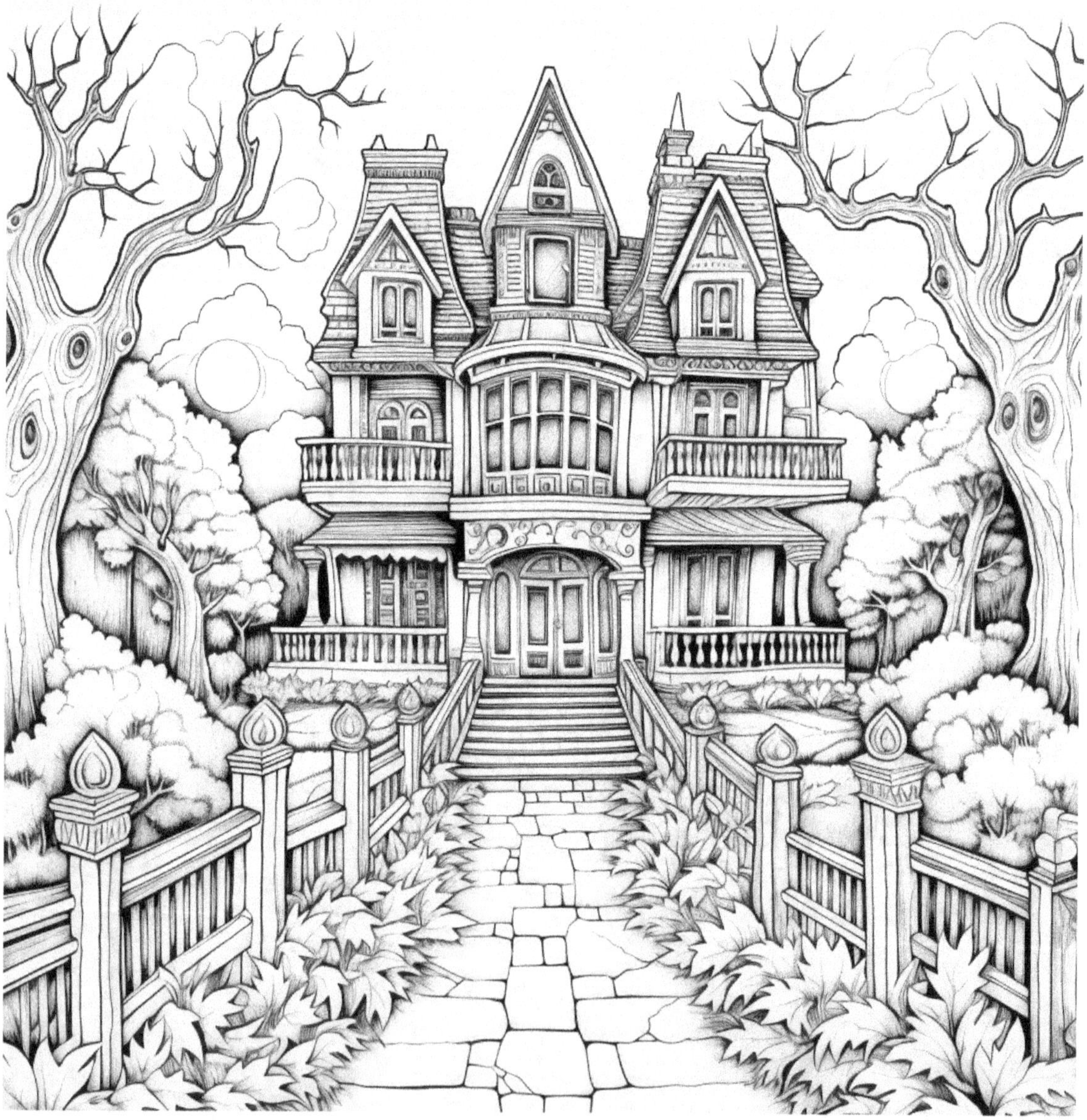

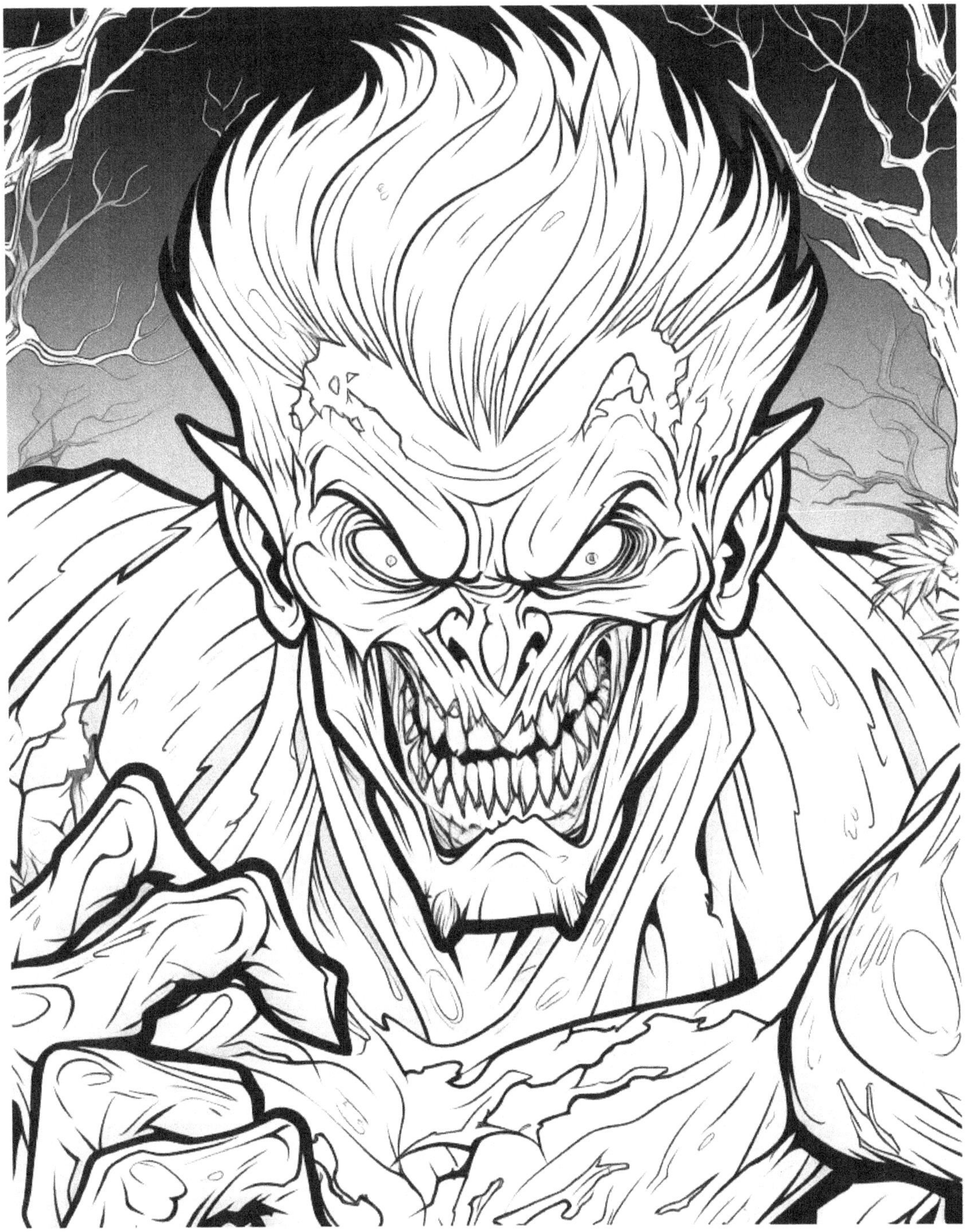

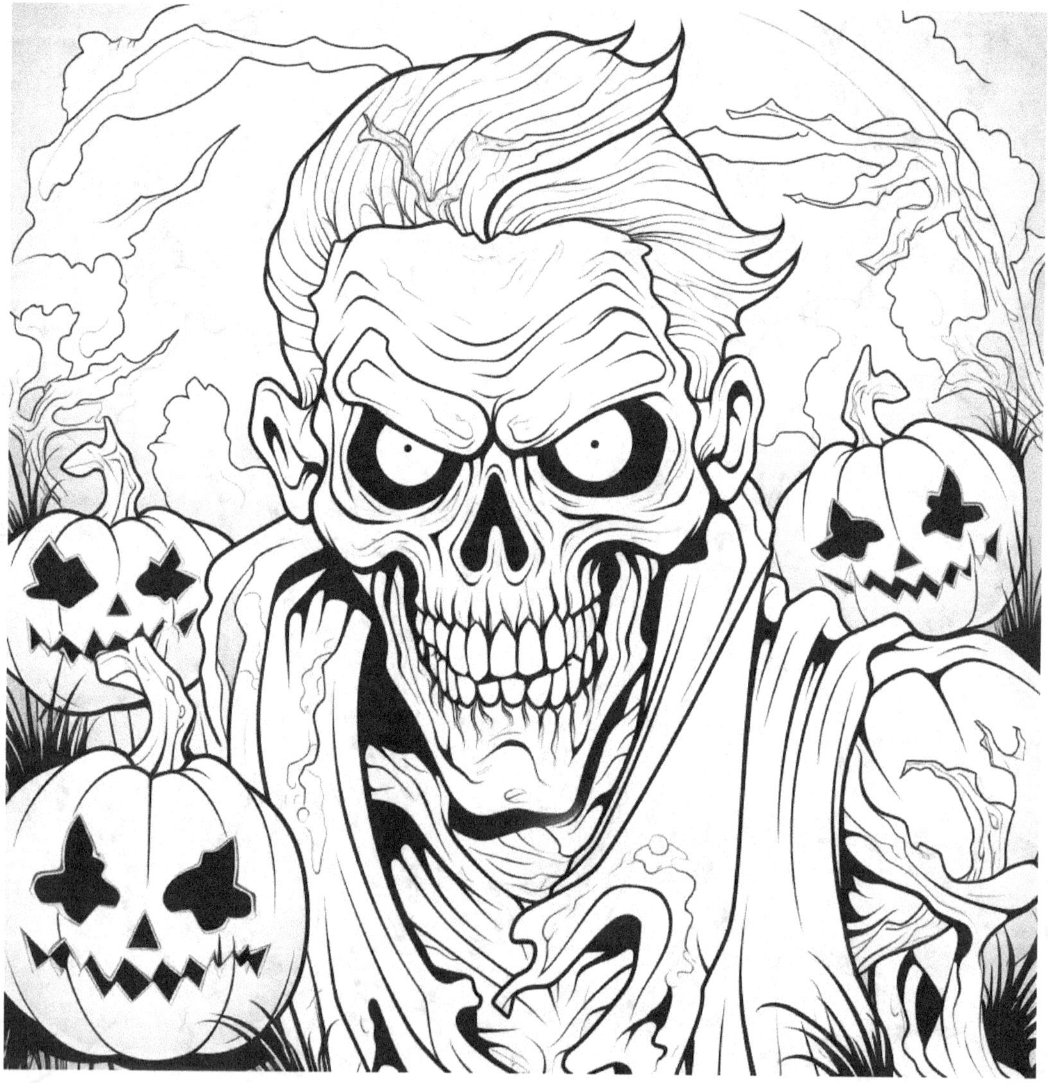

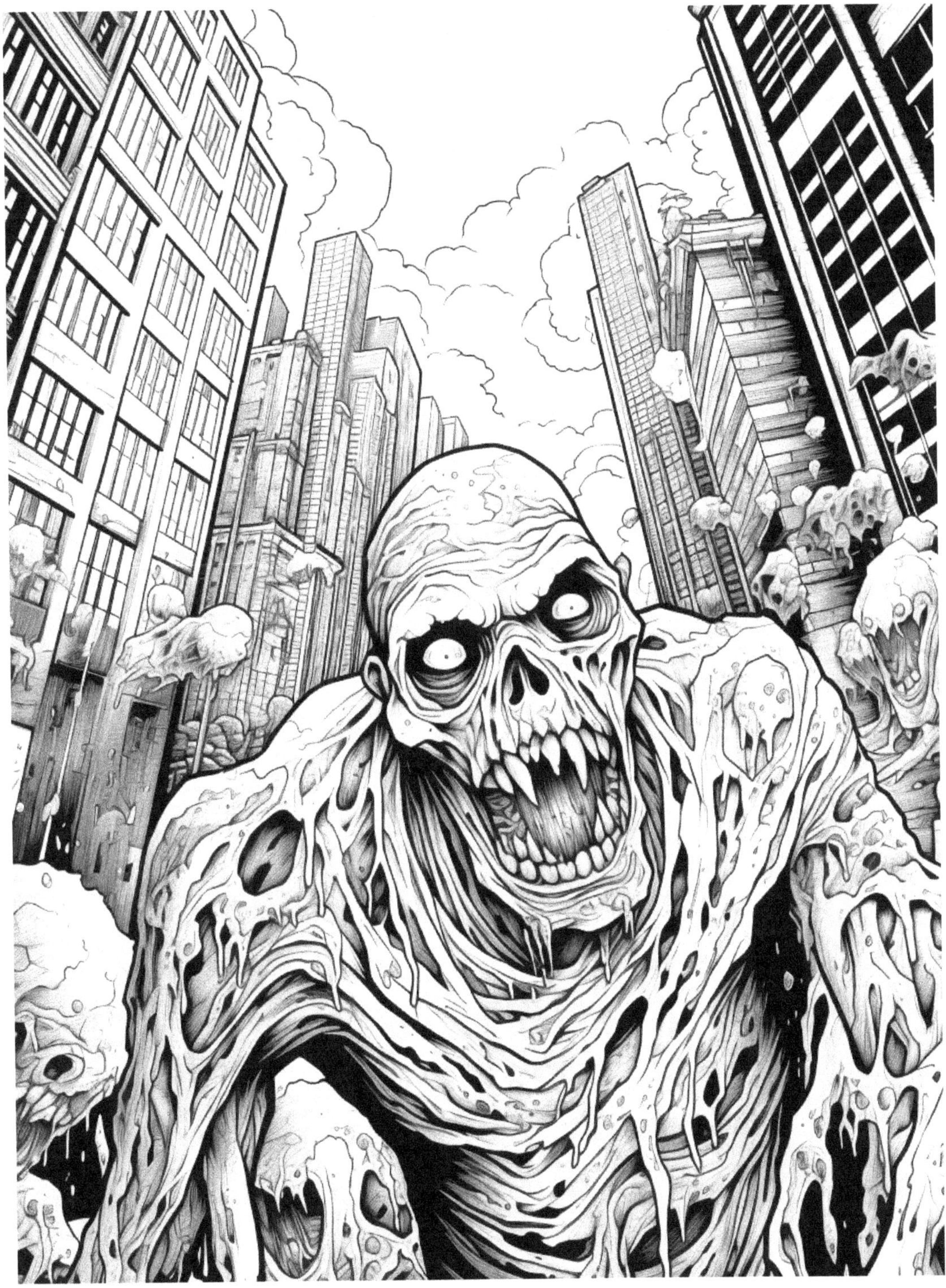

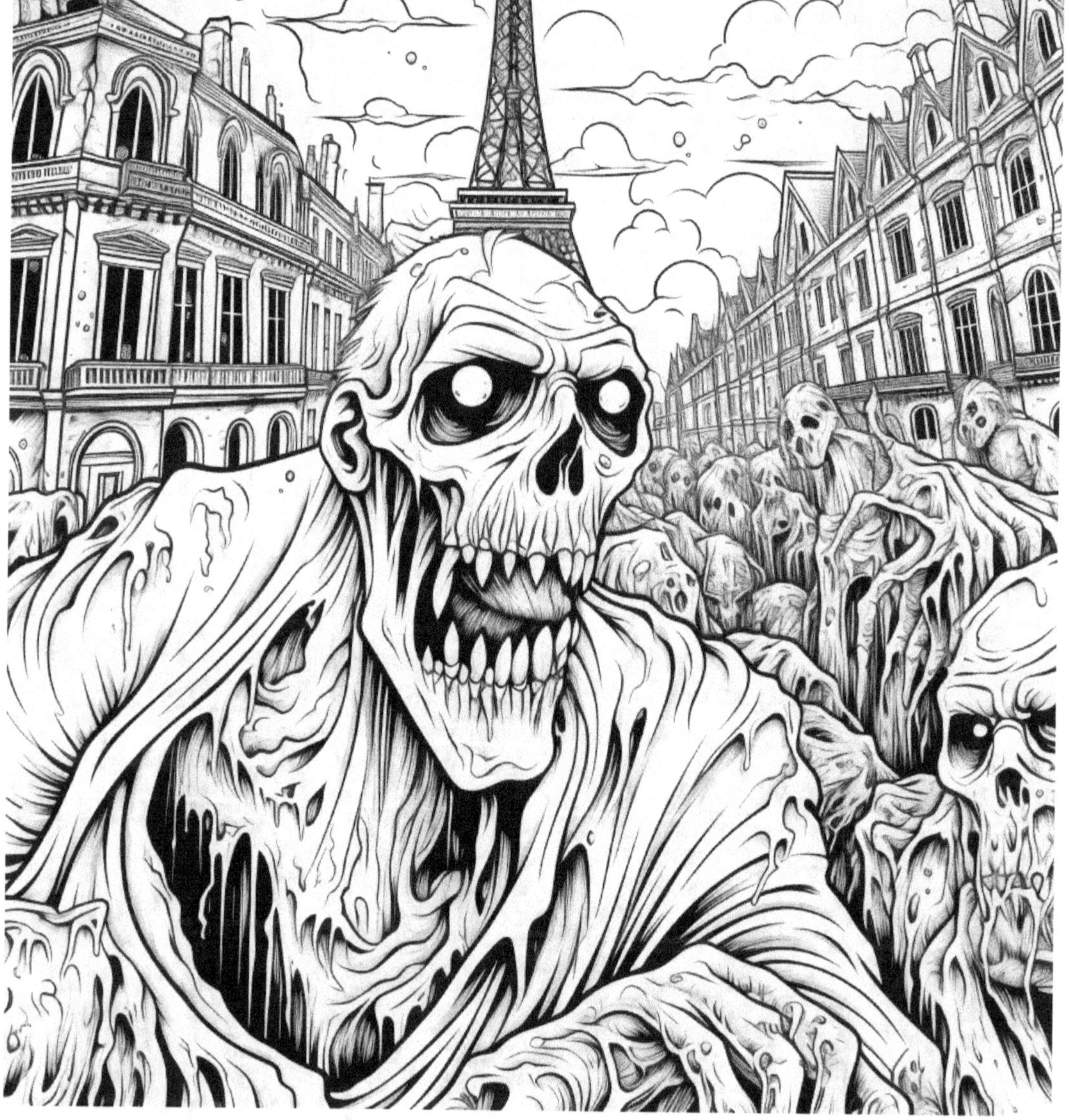

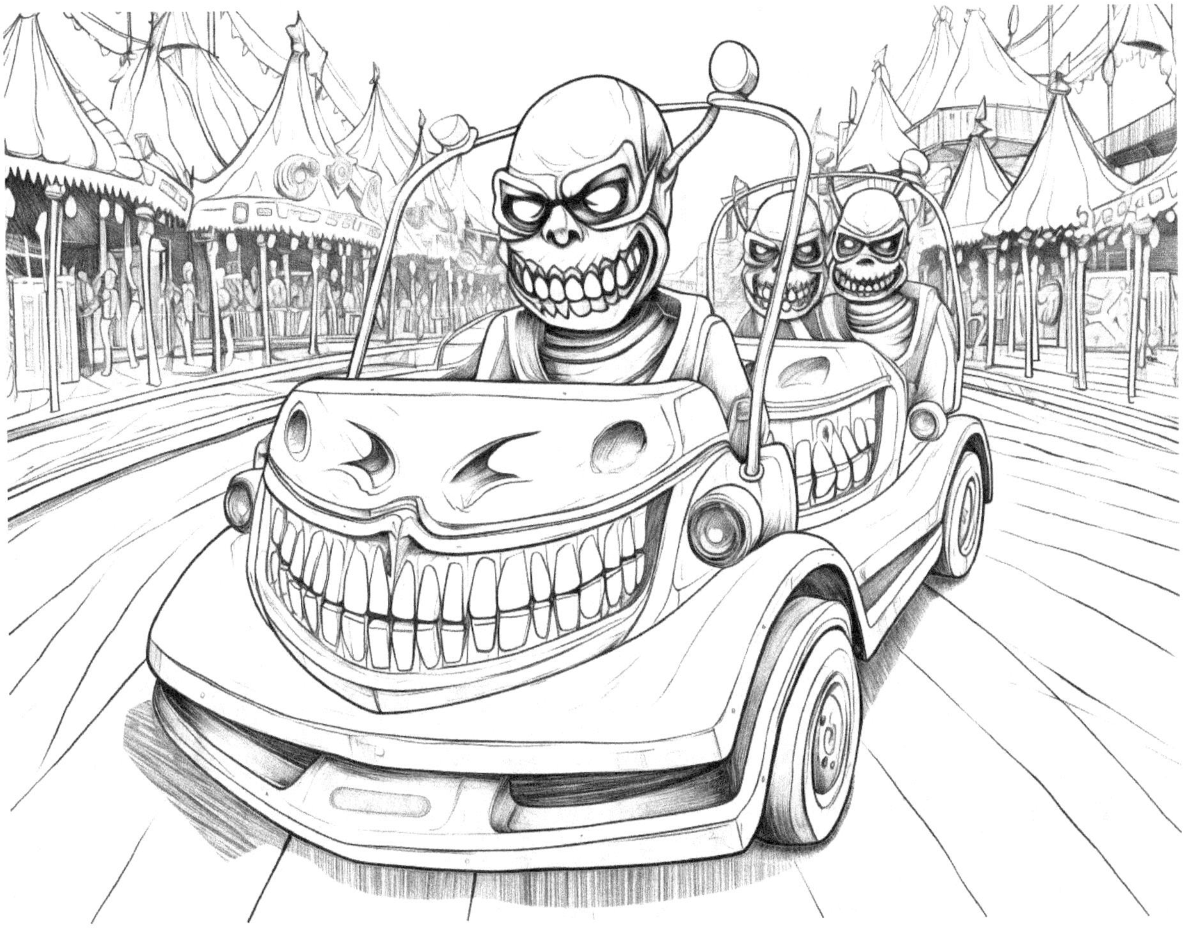

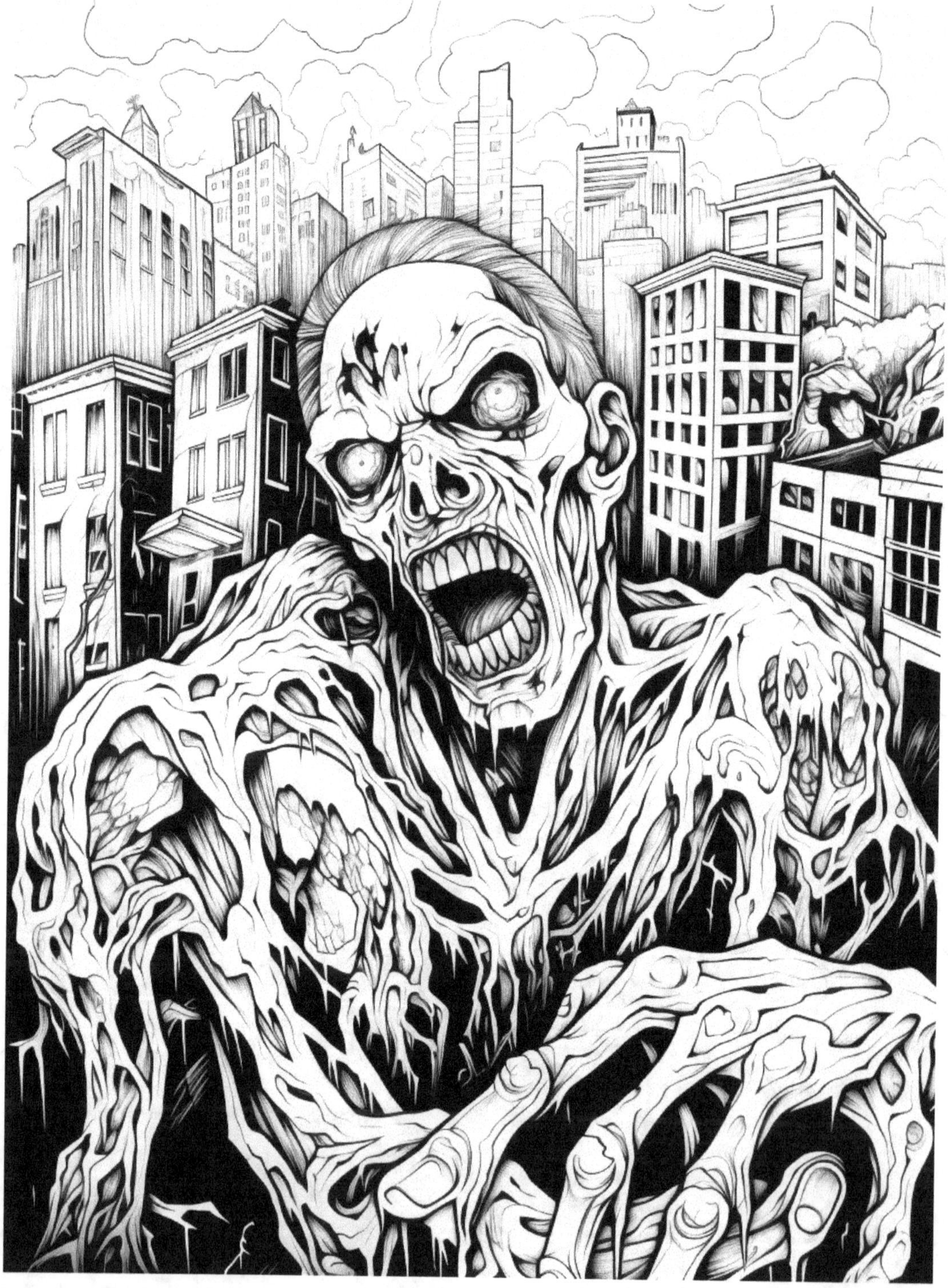

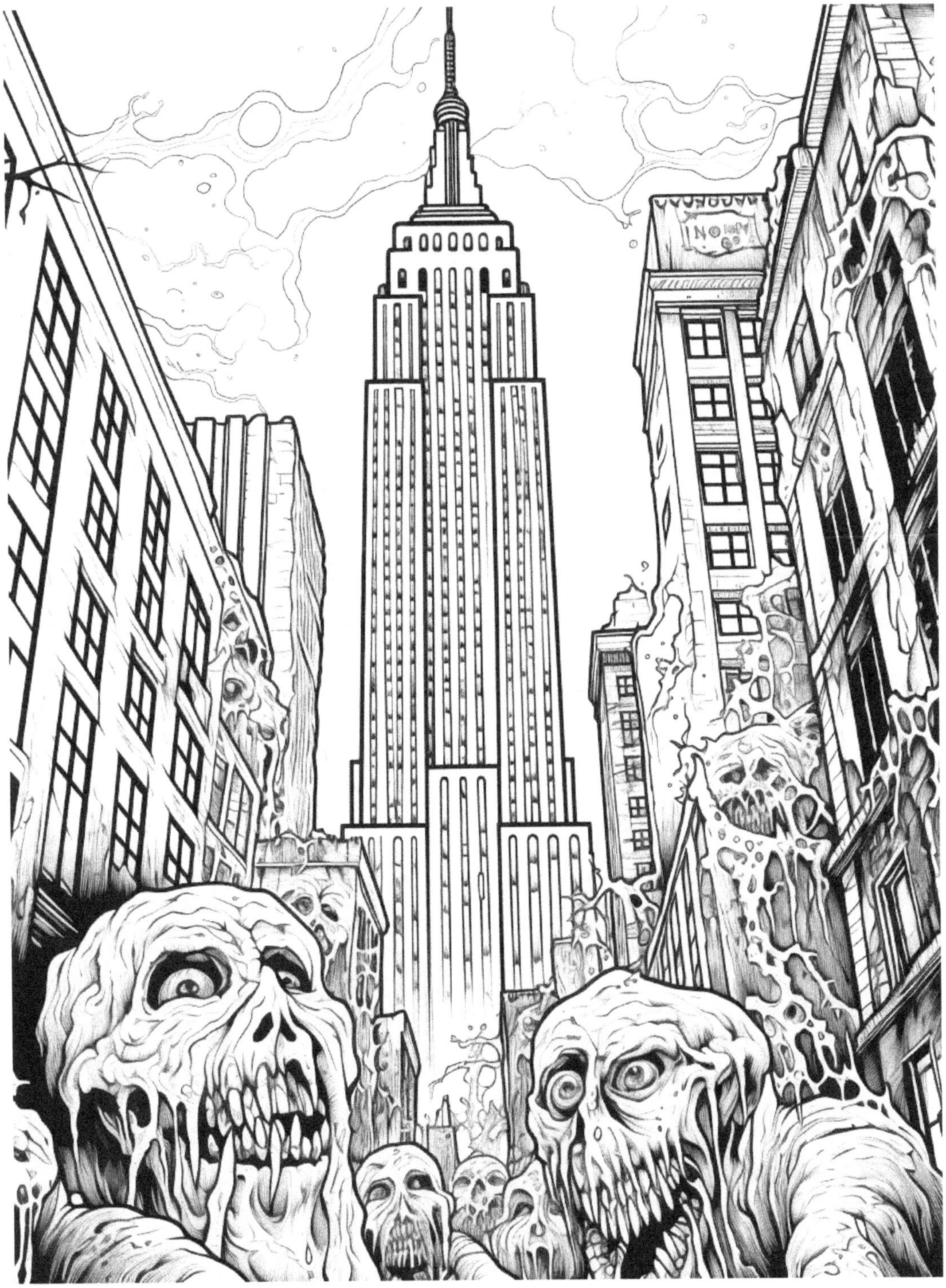

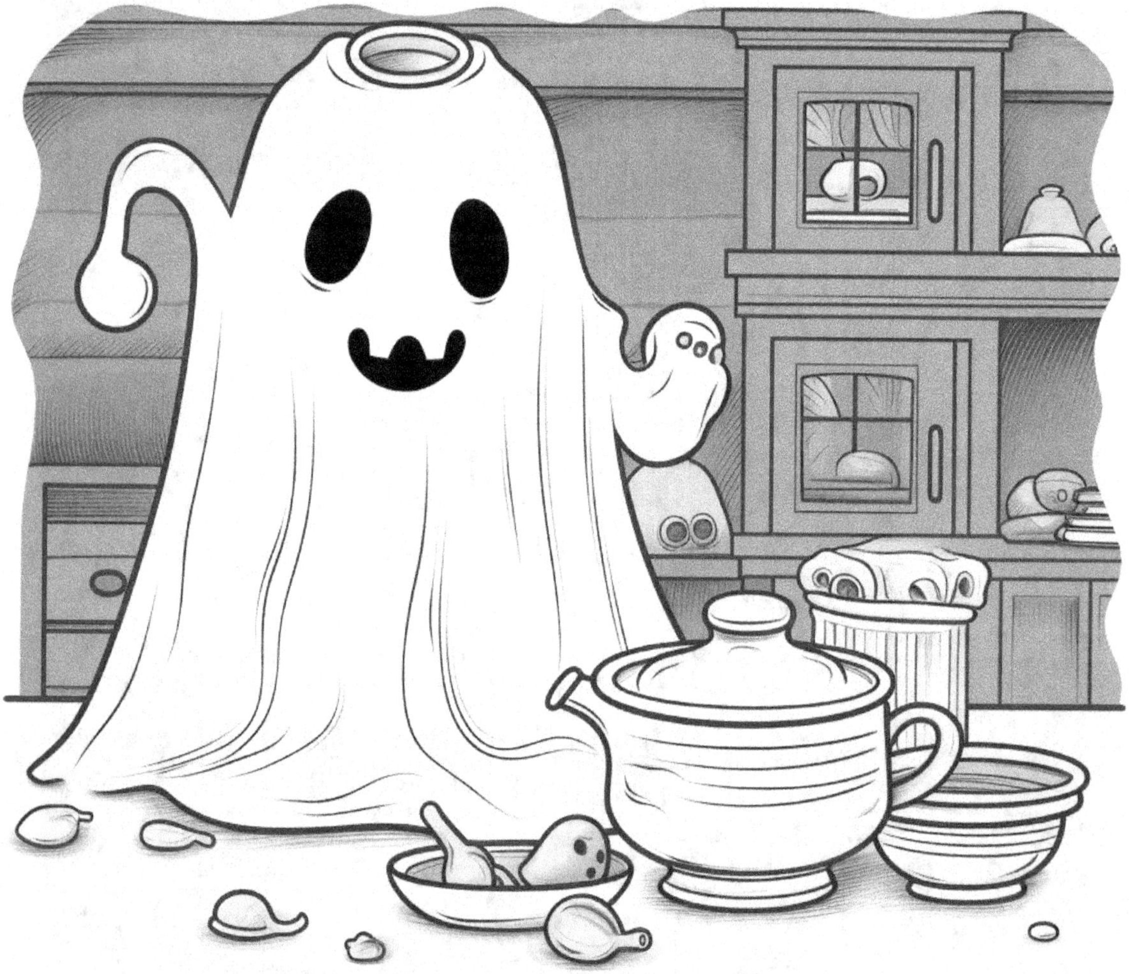

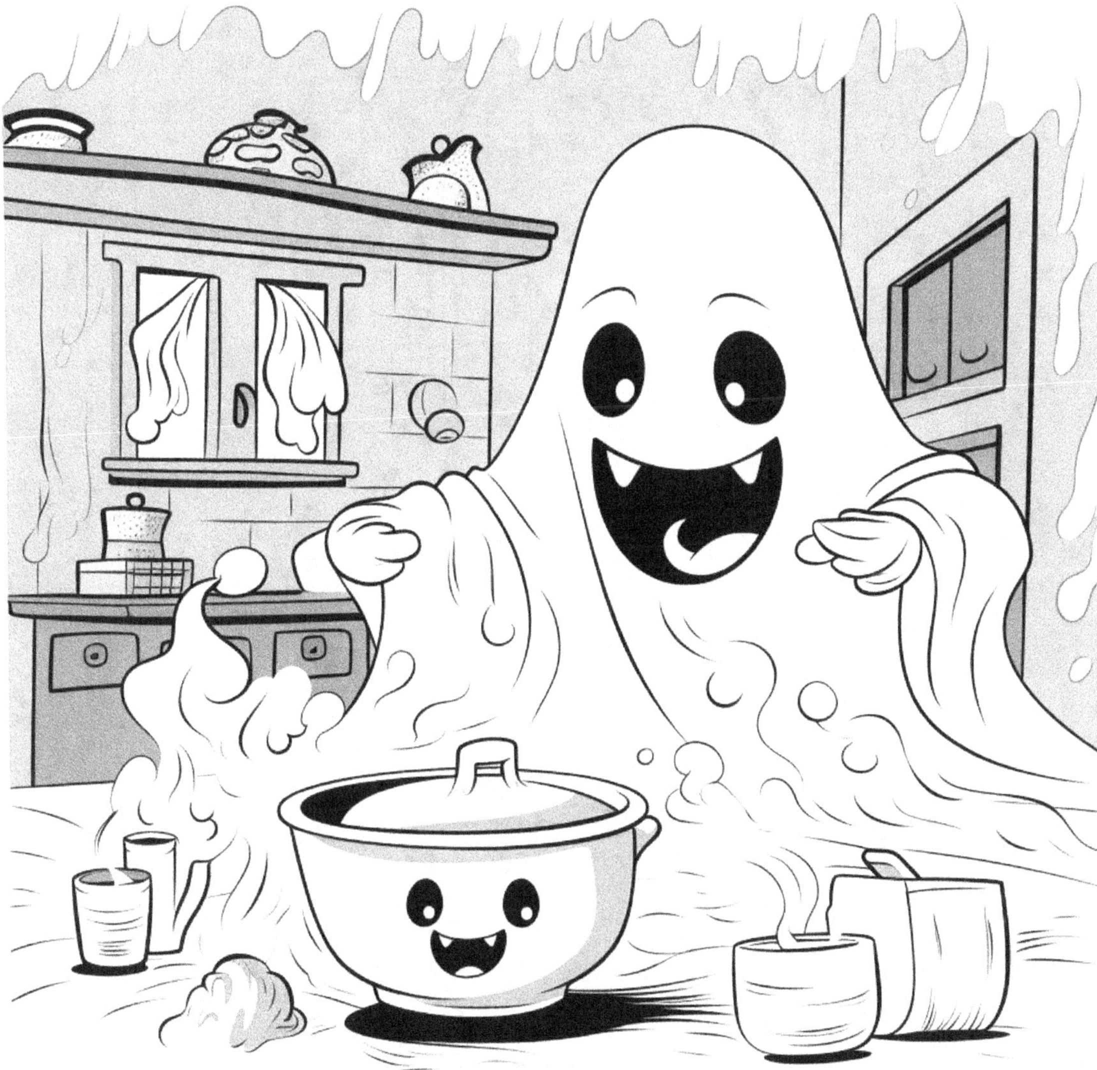

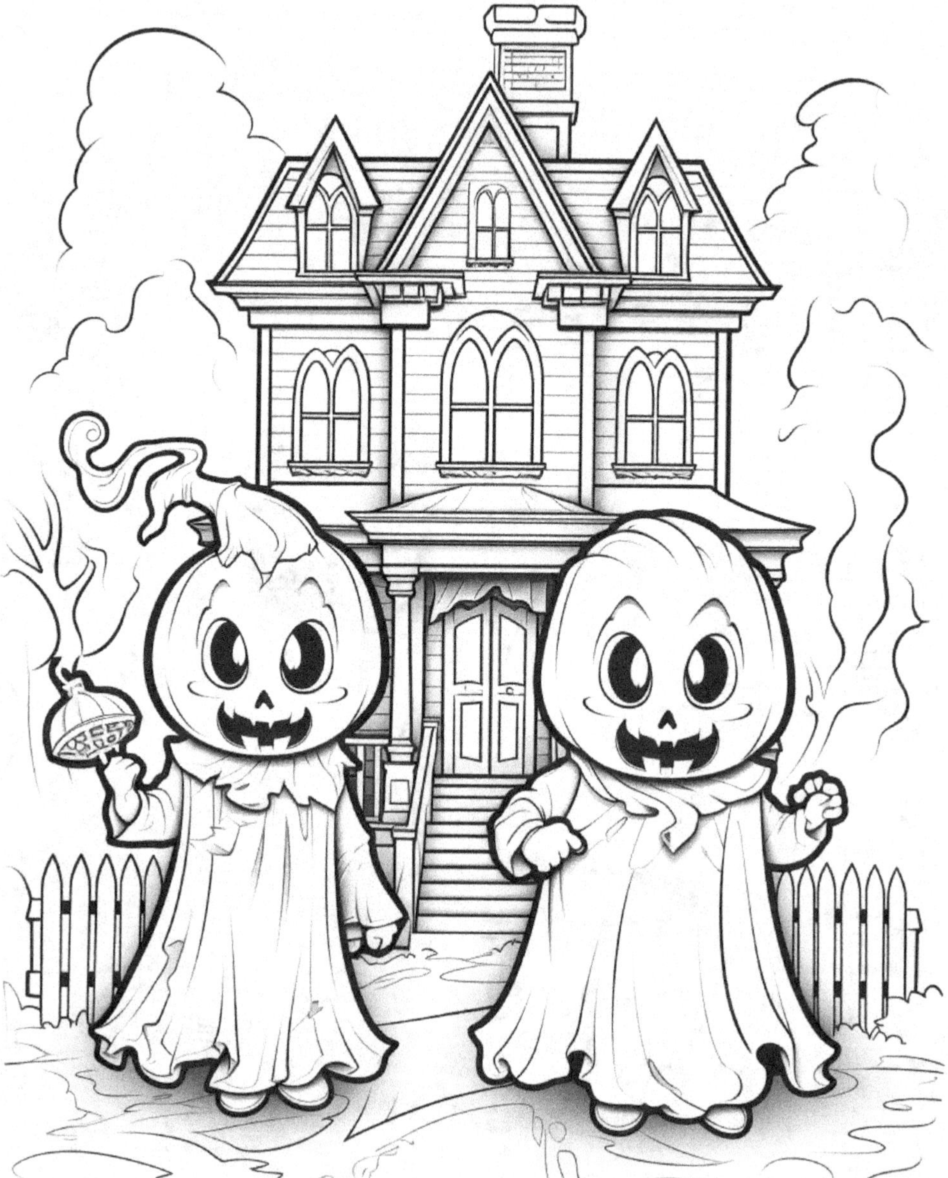

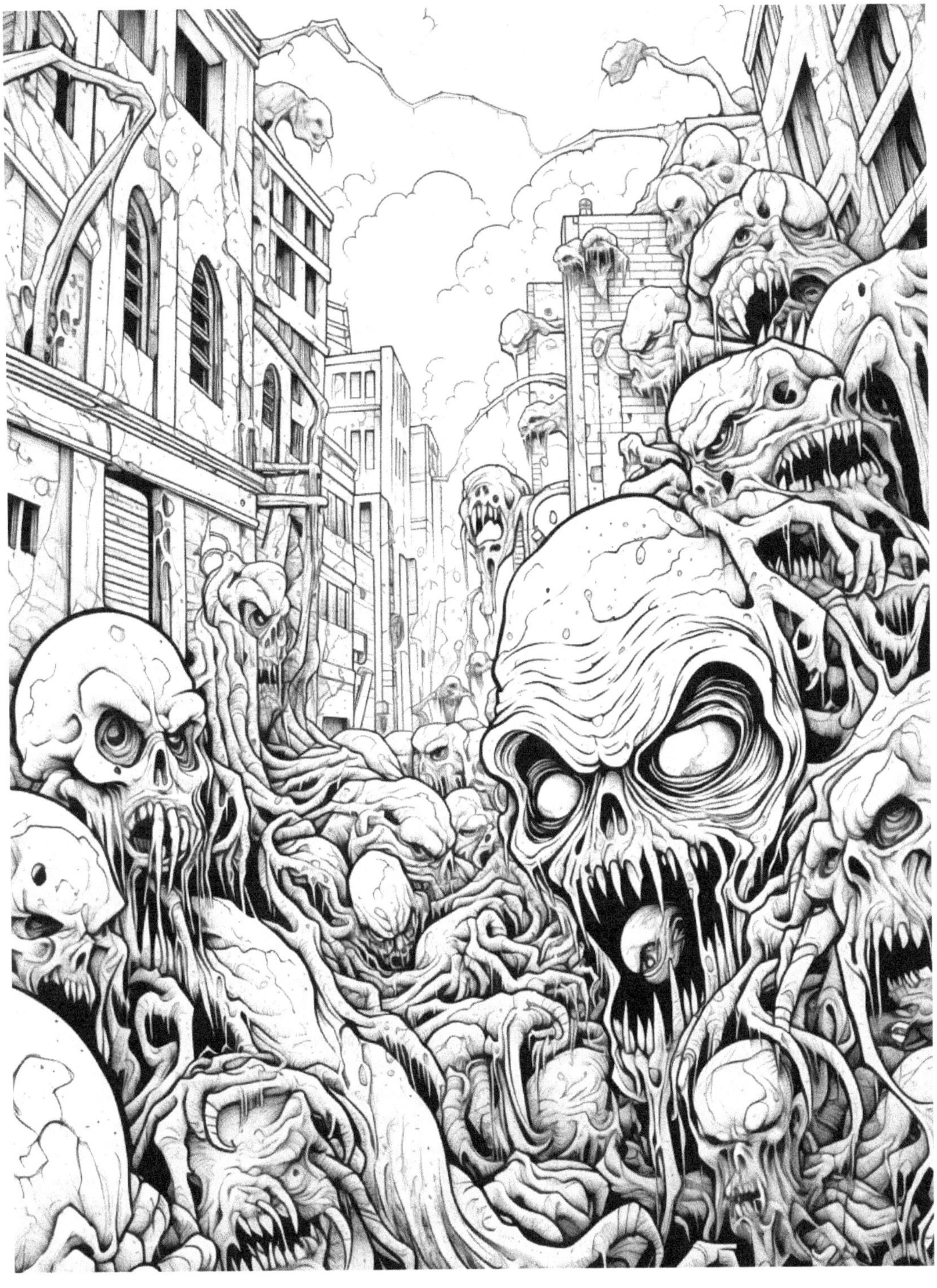

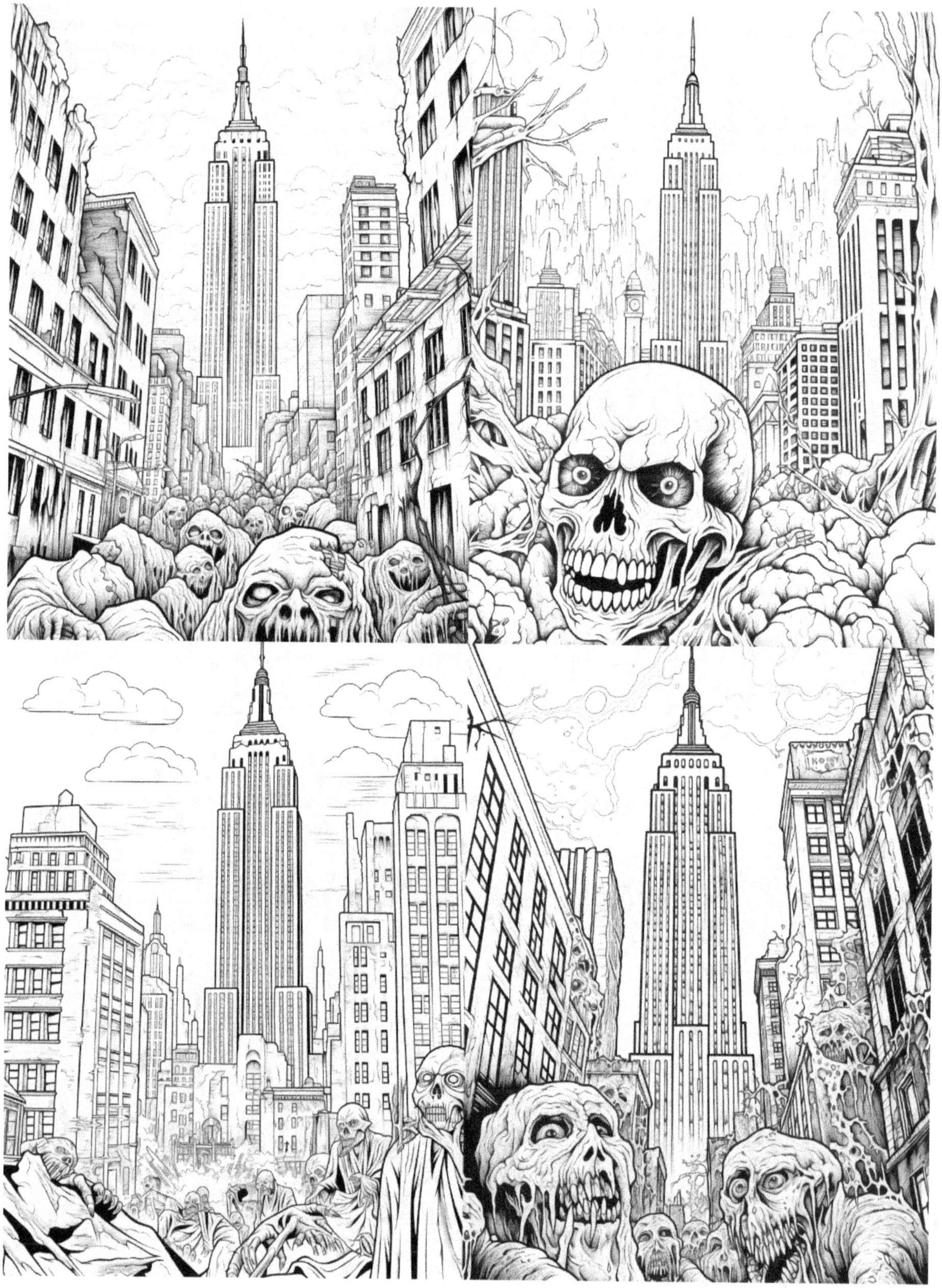

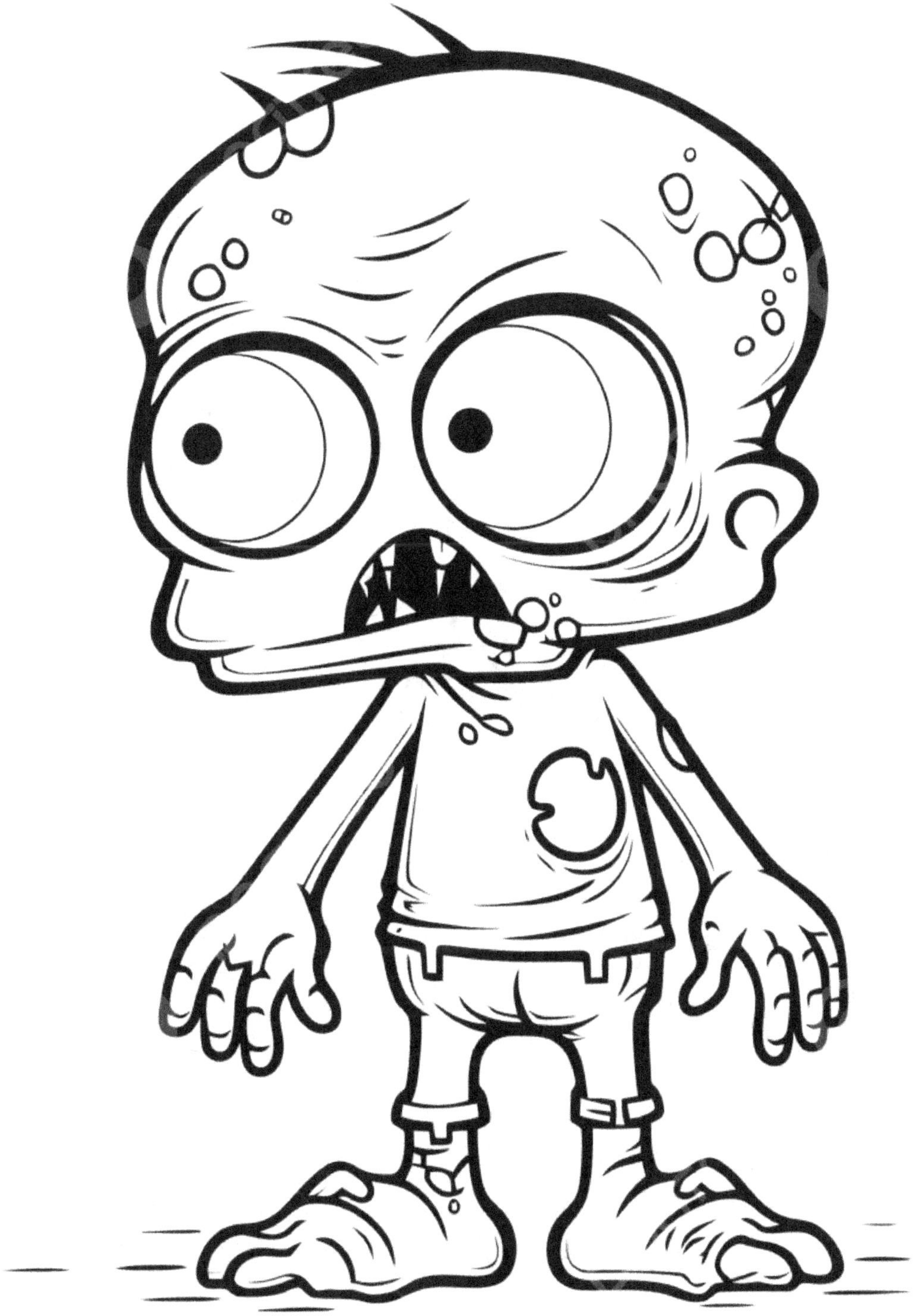

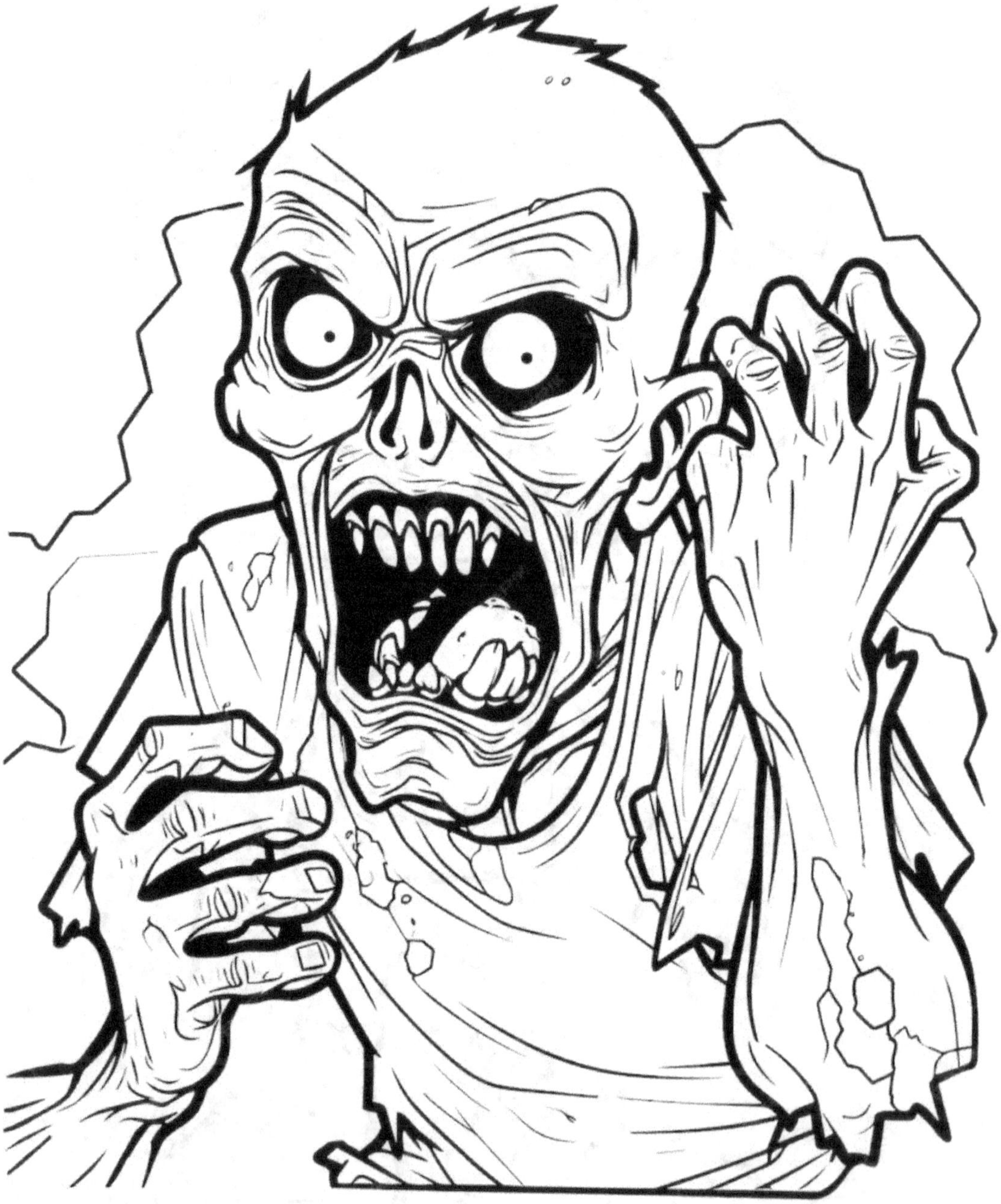

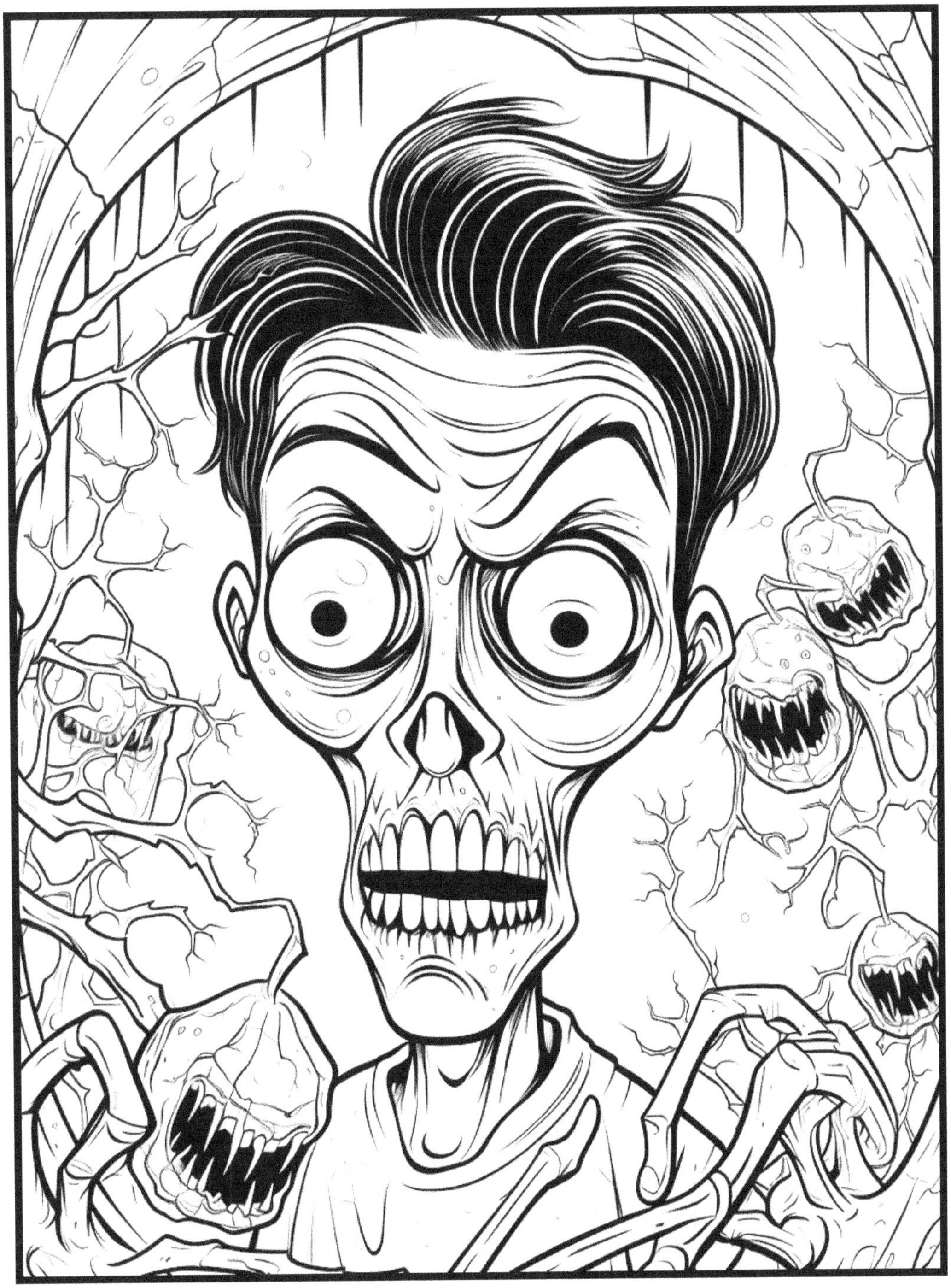

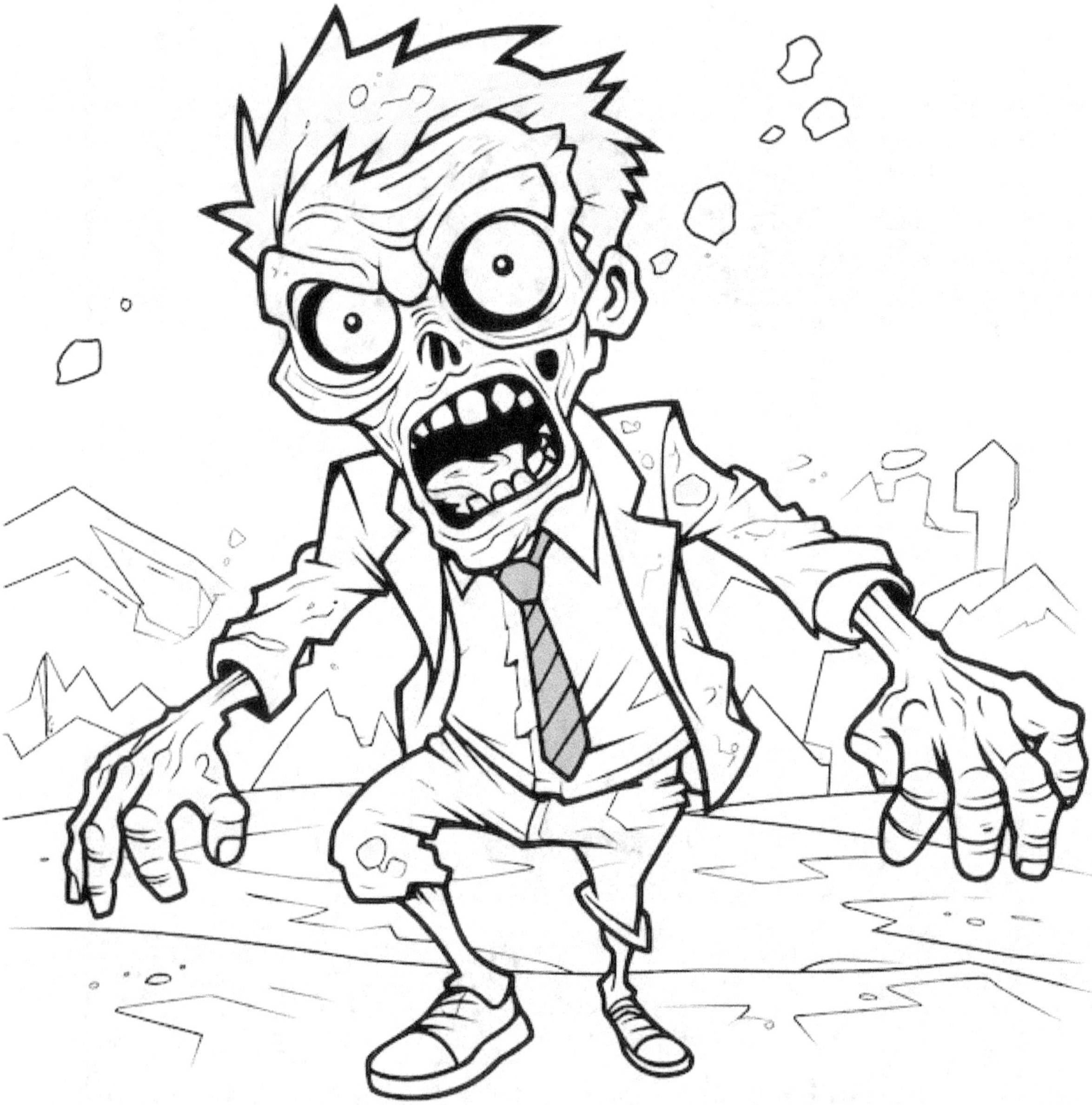

www.ingramcontent.com/pod-product-compliance
Lightning Source LLC
Chambersburg PA
CBHW081003290526
45795CB00009B/3056
* 9 7 9 8 8 7 9 5 3 2 9 4 4 *